江苏高校品牌专业建设工程项目（编号：PPZY2015A063）
江苏高校优势学科建设工程资助项目
教育部人文社会科学研究一般项目（编号：18YJCZH183）

南京明城墙及周边文化遗产整体保护研究

Nanjing Ming Chengqiang Ji Zhoubian Wenhua Yichan Zhengti Baohu Yanjiu

王燕燕　著

东南大学出版社
SOUTHEAST UNIVERSITY PRESS
南京·2019

内容提要

本书受教育部人文社会科学基金的资助,引入遗产廊道的概念对南京明城墙及周边散落的遗产资源进行整体保护研究。本书提出明城墙遗产廊道的概念,分析了南京明城墙"三位一体"的属性特征;对廊道遗产资源进行综合评价;系统分析了不同段落的遗产景观、自然基底与城市绿地等;最后对遗产廊道整体保护与构建策略进行了深入探讨。

本书适合从事城市规划、遗产景观的保护与规划、景观规划与设计等工作的相关人员阅读,也可以作为研究生的参考读物。

图书在版编目(CIP)数据

南京明城墙及周边文化遗产整体保护研究 / 王燕燕著 . —南京:东南大学出版社,2019.12
 ISBN 978-7-5641-8617-3

Ⅰ.①南… Ⅱ.①王… Ⅲ.①城墙-文化遗址-保护-研究-南京 Ⅳ.①K878.34

中国版本图书馆CIP数据核字(2019)第256713号

书　　名:南京明城墙及周边文化遗产整体保护研究	
著　　者:王燕燕	
责任编辑:徐步政　李贤	邮箱:1821877582@qq.com
出版发行:东南大学出版社	社址:南京市四牌楼2号(210096)
网　　址:http://www.seupress.com	
出 版 人:江建中	
印　　刷:江苏凤凰数码印务有限公司	排版:南京布克文化发展有限公司
开　　本:787mm×1092mm　1/16	印张:11.25　字数:300千
版 印 次:2019年12月第1版　2019年12月第1次印刷	
书　　号:ISBN 978-7-5641-8617-3	定价:49.00元
经　　销:全国各地新华书店	发行热线:025-83790519　83791830

* 版权所有,侵权必究

* 本社图书若有印装质量问题,请直接与营销部联系(电话传真:025-83791830)

前言

> 我们想到中国,便是横亘在永恒天空下面一种沟渠堤坝的文明,我们看见它展开在整整一片大陆的表面,宽广而凝固,四周都是城墙。
>
> —— 米歇尔·福柯(Michel Foucault)《词与物——人文科学考古学》

在南京生活的这几年,每次走近城墙,都能感受不同地段城墙带给我的不同感受:有的沧桑,有的高大,有的蜿蜒,有的斑驳,有的残美……很难想象六百多年前古人是如何筑城的,只有根据相关文字记载略知一二:南京城墙有四重,即宫城、皇城、京城、外郭,均有护城河环绕。明初,南京城墙外郭的长度和郭垣内的面积为世界城垣之最。在四重城垣内,每重布局各有侧重,意大利传教士利玛窦称之:"论秀丽和雄壮,这座城市超过世界上所有其他的城市。"(《南京城墙志》)

然而,历史总是让南京不完美,她在一次次短暂的辉煌过后饱受摧残,辉煌慢慢瓦解,只剩下残垣断壁。随着冷兵器时代的结束,城墙的军事防御功能慢慢失去意义,甚至有人觉得城墙的存在成为城市发展新秩序的障碍。回顾20世纪50年代那场令人扼腕痛惜的"拆城风",古老的城墙失去了1/3,城砖散落坊间,那些极具时代标志性价值的高大城门、镝楼永远消失了……

如今的南京明城墙早已由历史上的城市边界发展成当今的城市标志物,占据着南京老城区黄金地带的重要界面。并且随着城市发展的时间地理演变,明城墙周边聚集了众多的文物古迹,它们犹如一颗颗大大小小的璀璨珍珠散落于明城墙这个呈线性分布的文化遗产周边,有的熠熠生辉,有的却"养在深闺人未识"。近年来,在省市政府的共同努力下,南京市对文化遗产的保护已经做了切实有效的系统工作,南京市政府及市民对历史文化保护的重视程度和热情一直走在全国前列。然而,在文化遗产保护与利用上仍然存在认识不足、意识欠缺,以及缺少必要的理论指导和科学有效的工作方法等问题。

本书以景观生态学、风景园林学、遗产保护学、城乡规划学、时间地理学等学科理论为基础,从景观研究的尺度和层面引入遗产廊道的概念,对南京明城墙以及明城墙沿线区域内的文化遗产资源进行整体保护以及功能价值的拓展研究。从时间、空间、文化三个维度综合分析南京明城墙的历史脉络,并引入层次分析法对廊道遗产资源进行评价与界定,最后提出南京明城墙遗产廊道的保护与构建策略,强调通过遗产廊道的构建进行文化遗产自然、社会、经济等要素的整体保护,由此探讨了文化遗产的持久保护问题和如何更有效地促进遗产地经济、社会、自然的可持续发展。

首先，在对明城墙、遗产廊道等相关研究进行系统梳理的基础上提出明城墙遗产廊道的概念，即以南京明城墙为主体遗产资源，将沿线一定范围内的其他重要的物质及非物质文化遗产和关联要素串联在一起的线性的遗产区域。并进一步探讨了本书研究的基本思路。

其次，借鉴美国遗产保护领域的历史脉络概念，引入时间地理学观点，从时空完整性上系统分析了明城墙遗产廊道主体遗产资源（南京明城墙）所具有的历史脉络，包括时间脉络、地理脉络和文化脉络。时间脉络包括明城墙随着历史的演变其功能与价值的转变；地理脉络包括明城墙与自然地理格局、明城墙与城市交通以及明城墙与城市开放空间的历史演变；文化脉络包括重要历史事件、历史故事传说和风俗民情等。本书打破了传统上对明城墙的历史背景及概况介绍的研究方式，以新的视角系统分析了明城墙作为主体遗产资源的历史脉络。

再次，在资料分析以及现场踏查的基础上，明确遗产廊道的研究宽度和区段划分，对明城墙遗产廊道遗产资源（包括物质文化遗产和非物质文化遗产）进行了整理与判别。针对明城墙遗产廊道的尺度、特征和城市关联性，选取遗产资源评价指标，构建评价指标体系，包括遗产资源价值、与城市功能结合意愿、遗产影响力三大项目因子和12项评价因子。进一步引进层次分析法（AHP）和德尔菲法（Delphi Method），对遗产廊道所有遗产资源进行综合评价与界定。梳理明城墙周边景观缘起与发展概况：明城墙周边的景观环境经历了从明清、民国、中华人民共和国成立初期、改革开放至今的发展演变，结合历史档案、文献资料和现场查勘，分别对不同段落的城墙及护城河概况、自然基底与城市绿地以及城市建设破坏情况等进行调研、分析，总结廊道景观现有的不足和存在的问题。

最后，在遗产资源总体评价与界定以及廊道环境景观分析评价的基础上，对遗产廊道整体保护与构建模式进行探讨。明确遗产廊道的整体保护目标与保护原则，再结合前期的调研分析，分别从文化遗产的整体保护、绿色廊道的构建、解说系统的组织和交通系统的组织四大方面制订整体保护与构建方案，并提出保护性开发策略。从遗产保护的实施政策出发，提出五大实施对策。

本书的创新性在于引进了遗产廊道的概念，从景观研究的尺度和层面强调文化遗产保护不仅是对目标遗产或遗产建筑及设施本身的保护，也涉及所研究区域内的自然、经济、社会等复杂问题，而文化遗产保护的景观视角提升了遗产保护的层面，通过多学科交叉和整合推进了南京明城墙及一系列文化遗产的整体性保护与利用研究。借鉴历史脉络的概念和时间地理学的观点，分析了主体文化遗产南京明城墙的"时间、地理、文化"脉络，构建了明城墙遗产廊道的遗产资源评价指标体系，运用层次分析法和德尔菲法对遗产资源进行了综合评价，明确了明城墙遗产廊道的整体保护与构建内容和策略。总体来说，通过构建明城墙遗产廊道的方式来整合区域内的各项文化资源，统筹考虑对遗产资源的保护与利用问题，拓展和提升了文化遗产保护利用的思路，探讨了遗产保护在新时代下与城市发展的融合共生方式。

目录

前言

1	**研究背景**	001
1.1	问题剖析	001
1.2	现有理论和方法的缺口	002
1.3	景观——文化遗产保护的新视角	003
2	**基本概念及思路**	004
2.1	南京明城墙遗产廊道概念的提出	004
	2.1.1 历史重要性	004
	2.1.2 建筑或工程上的重要性	004
	2.1.3 显著的线性形态特征	005
	2.1.4 自然对文化资源的重要性	005
	2.1.5 经济重要性	005
2.2	建立明城墙遗产廊道的概念	006
2.3	基本思路	006
3	**主体遗产资源的历史脉络分析**	008
3.1	南京明城墙的时间脉络	009
	3.1.1 定都南京	009
	3.1.2 南京京城城垣的建造	009
	3.1.3 南京明城墙历史沿革及价值的转变	017
3.2	南京明城墙的地理脉络	025
	3.2.1 明城墙与自然地理格局	025
	3.2.2 明城墙与城市交通	032
	3.2.3 明城墙与城市开放空间	034
3.3	南京明城墙的文化脉络	038
	3.3.1 重要历史事件	038
	3.3.2 历史故事传说	040
	3.3.3 风俗民情	041

4 遗产资源判别 ... 042
4.1 遗产廊道的研究宽度及区段划分 ... 042
4.2 遗产本体现状分析 ... 043
4.2.1 遗址、遗迹现状分析 ... 043
4.2.2 护城河现状分析 ... 047
4.3 遗产资源判别 ... 048
4.3.1 南京古城历史沿革 ... 048
4.3.2 物质文化遗产资源判别 ... 054
4.3.3 非物质文化遗产判别 ... 078

5 遗产资源评价与界定 ... 079
5.1 层次分析法的原理与特点 ... 079
5.2 层次分析法的分析步骤 ... 080
5.3 合理性与可行性分析 ... 083
5.4 遗产资源评价的过程 ... 084
5.4.1 评价指标的选取 ... 084
5.4.2 评价体系的构建 ... 084
5.4.3 评价标准判断矩阵的构造 ... 085
5.4.4 层次单排序及一致性检验 ... 087
5.4.5 层次总排序及一致性检验 ... 089
5.5 遗产资源综合评价界定 ... 089
5.5.1 模糊积分法 ... 089
5.5.2 综合评价结果 ... 090
5.6 遗产资源总体构成分析 ... 099
5.6.1 综合评价得分情况分析 ... 099
5.6.2 资源分布区段分析 ... 099
5.6.3 资源保护级别分析 ... 100
5.6.4 遗产保护现状分析 ... 101

6 廊道环境景观分析 ... 103
6.1 景观的缘起与发展 ... 103
6.2 环境景观现状分析 ... 104
6.2.1 狮子山至定淮门段 ... 105
6.2.2 定淮门至清凉门段 ... 106
6.2.3 清凉门至集庆门段 ... 106

		6.2.4 集庆门至通济门段	107
		6.2.5 通济门至太平门段	108
		6.2.6 太平门至神策门段	109
		6.2.7 神策门至狮子山段	110
	6.3	问题分析与总结	110

7 明城墙遗产廊道保护与构建 … 115

- 7.1 明城墙遗产廊道边界确定 … 115
- 7.2 明城墙遗产廊道保护目标与原则 … 115
  - 7.2.1 保护目标 … 116
  - 7.2.2 保护原则 … 117
- 7.3 明城墙遗产廊道的保护与构建策略 … 119
  - 7.3.1 文化遗产的整体保护 … 119
  - 7.3.2 绿色廊道的构建 … 122
  - 7.3.3 解说系统的组织 … 127
  - 7.3.4 交通系统的组织 … 132
- 7.4 明城墙遗产廊道保护性开发策略 … 133
  - 7.4.1 保护层级的划分 … 133
  - 7.4.2 保护性开发模式 … 134
- 7.5 明城墙遗产廊道保护实施对策探讨 … 135
  - 7.5.1 增强公众意识 … 135
  - 7.5.2 强化法律保护和规划保护 … 136
  - 7.5.3 保障管理政策实施 … 136
  - 7.5.4 推动市场经济运作 … 137
  - 7.5.5 深化公众参与机制 … 137

附录 … 138

- 附录1 明城墙遗产廊道遗产资源调研清单 … 138
- 附录2 明城墙遗产廊道遗产资源定量评价调查问卷 … 149
- 附录3 明城墙遗产廊道遗产资源评价结果 … 154

参考文献 … 159

图表来源 … 165

后记 … 167

1 研究背景

1.1 问题剖析

1）保护意识薄弱

每个文化遗产都是一本厚重的书，都是一个吸引人的故事，只是我们置身于这些文化资源中却蓦然不知，知之者寡，履之者蓼，这也是导致有法不依、执法不严现象的直接原因。至今，仍有许多紧贴城墙的新老违章建筑，如一些房地产商将房子建到距城墙很近的地方，这不但危及城墙的基础安全，也破坏了城墙的历史环境空间；一些挂牌标有保护级别的文物保护单位周边的环境破败不堪；有些文化遗产虽然被挂上了文物保护级别的标志，却缺乏有力的保护措施，状况岌岌可危……笔者在调研中对一些有资料记载的遗产点的探寻可谓费尽周折，有时遗产点已经近在咫尺，周边却鲜有人知。这与相关部门对南京文化遗产的宣传力度不够有关，导致人们对文化遗产的认同感和保护意识不强。文化让人有归属感，保护好南京的文化遗产，可以极大地增强我们的地域归属感和责任感。

2）历史文化资源管理缺乏整合

南京城墙保护管理中心已于2014年2月成立，将原本多个区属承担城墙管理及申遗工作的单位整合划入，统一明确保护控制范围内的南京城墙保护管理、开发利用和申遗工作。这有效改善了一直以来"一墙多制"的管理弊端。

明城墙周边遗产资源仍存在很大问题：许多资源由旅游、园林、文化文物、建设、宗教、区县政府等各管一段，主体利益不清晰，所有者与获利者不一致，投入者与受益者不一致。所以，整合历史文化资源是实现南京文化遗产长效、科学管理的根本保证。

3）保护工作的基础和制度不够完善

目前南京的历史文化遗产保护已经在各个层面都开展了有效的工作，但是仍然存在一些不足：对保护对象的范围和内容往往缺乏科学明晰的认定，保护程序不够完善，文物执法部门机构不健全，缺少强制性法律手段的支撑，片面追求文物保护单位的经营效益而忽视了社会效益。

文物保护法制不健全是保护工作中出现的难题，如现行的《南京市城墙保护条例》以及其他的文物保护法规中没有如何处理城墙腹中的防空洞的条文。2001年集庆门城墙维修遇到墙体中的防空洞时，人防部门认为维修破坏了国家的人防工事，责令停工接受处罚，而文物部门则认为这是维修和保护国家的文物。双方均有法可依，僵持不下。法规中也没有对生长（即使是人工栽种）在城墙上的树木如何处理的条文。虽然树木对城墙造成了损坏，但要清除却有《南京市城市绿化条例》的制约，实施起来比较困难。

4）政府有限的财力和巨大的保护资金要求矛盾突出

历史文化遗产保护的主要回报是社会效益，经济上的回报有限。这就决定了保护工作主要依靠政府投入来推动。尽管政府的投入不断增加，但是仍然难以满足历史文化遗产保护的巨大需求。一方面，由于文物保护经费不足，一些文物得不到及时抢救和修复而出现不同程度的损坏，一些传统民居型历史文化街区由于处在老城的中心地段，土地成本高，按一般土地运作改造资金缺口很大，导致保护不善甚至消失；另一方面，由于改造资金短缺，不能对文化遗产的周边环境进行很好的整治和开发利用，有些即使做了景观再生的规划，也由于资金不到位很难按规划内容实施。如著名的石头城遗址公园的建设由于受资金的影响，规划的部分内容没有实现，从而影响了预期的建设效果。

1.2 现有理论和方法的缺口

随着中国城市化进程的加速发展和新农村建设的迅猛推进，各地都面临着文化遗产保护不力甚至迅速消失的问题。纵观世界的文化遗产保护运动，保护理念经历了从点上的文物保护到线性廊道的保护再到面上历史城镇、街区的保护；从自然和文化的单一保护到将自然与文化融为一体的过程（周年兴等，2006）。1964年通过的《关于古迹遗址保护与修复的国际宪章》（《威尼斯宪章》）强调，"历史古迹的概念不仅包括单个建筑物，而且包括能够从中找出一种独特的文明、一种有意义的发展或一个历史事件见证的城市或乡村环境"。近些年，"文化生态保护区""文化空间""生态博物馆""文化景观""大遗址"等概念成为文化遗产研究的热点话题，这在一定程度上体现了文化遗产研究的景观视角，是在文化遗产保护利用理念上的拓展和提升。但就目前情况来看，南京明城墙的保护利用工作主要还停留在建筑遗产的本体保护以及对周边环境整治美化的离散状态。缺乏对文化遗产时空相关性的整体认知和历史价值的系统梳理，文化遗产的整体性保护就无从谈起，遗产利用的规模效应自然也就无法体现。

遗产保护不是为了将其送进博物馆或者仅仅为了旅游观光。历史遗产保护的目的是为了尊重过去，保护应当赋予古城墙一种可持续发展的能力，并让其在当下城市发展中获得新的生命力，在人类文明的历史长河中生生不息。而这不仅包含其自身的保护力，而且更需要区域承载力和再利用活力的支持。如何使城墙的历史信息得到完整性传承和真实性表达，同时使城墙以更加通透、便捷、开放、包容、兼容的姿态与城市生活彻底融为一体，以一种遗产保护的新的方式和思路寻求新的切入点来解决城墙和城市的矛盾，是笔者选题的初衷。

1.3 景观——文化遗产保护的新视角

文化遗产地不仅藏有丰富而珍贵的历史文化信息，也涉及所研究区域内的自然、经济、社会等复杂问题。提升文化遗产的研究层面可吸引各个相关学科对该领域进行科学研究，再通过多学科交叉和整合来推进文化遗产整体性保护与利用工作的顺利开展。

2000年8月，联合国教科文组织、"世界遗产协调员"亨利·克雷尔（英国籍）和国家文物局文物保护司负责中国申遗的官员郭旃等一行来到南京对明城墙进行考察，对南京明城墙申遗工作提出明确的意见，认为南京明城墙、明孝陵、六朝石刻等很多项目可以申报但显得过散，应当想办法用一个统一的名称综合起来申报。2006年，国家文物局专家组成员、时任故宫博物院副院长晋宏逵先生在考察南京明城墙时指出，通过多年不懈的努力，明城墙在外环境整治方面取得了重大突破，迈出了可喜的一步。

由此给我们启示：南京明城墙的遗产保护工作不应只着眼于遗产本体的保护，更应该注重遗产资源的整合。明城墙这条依山傍水的线性景观融合了南京城时空地理发展的自然山水之美和历史人文之美。如何以线性景观的形式将众多文化遗产单体以及文化遗产诸要素组合起来，不仅从整体上保护一系列文化遗产，而且还要凸显文化遗产的经济价值、社会价值和生态价值，使其焕发新的光彩，适应时代的变化，参与城市的发展，在真正意义上承担历史文化名城——南京城市特色标志性载体的重任？

通过对景观尺度文化遗产的研究，可以进一步整合区域内的各项文化资源，统筹考虑对遗产资源的保护与利用问题，以提高其利用效率，实现保护文化遗产的真正目的。同时，从景观研究的层面强调文化遗产在空间、时间和文化要素上的协同，更有利于整体再现历史上的人类社会发展面貌，可赋予文化遗产以更深刻的人文意义，拓宽和提升文化遗产的保护和利用价值。这是笔者希望从理论层面拓展和提升明城墙及周边文化遗产保护利用的愿景。

2 基本概念及思路

2.1 南京明城墙遗产廊道概念的提出

2.1.1 历史重要性

南京明城墙最重要的特点就在于它的历史性,它是中国历史上唯一建造在南方的统一全国的都城墙,是元末明初人们的社会活动遗存,综合反映了明初的政治、经济、军事、科学技术、文化艺术、宗教信仰、风情民俗等内容,这些内容构成了南京明城墙鲜明的时代特点。同时,南京明城墙经历了明朝、清朝和太平天国的兴衰,遭受了日寇的摧残,见证了民国时期及解放战争时期一系列重大的历史事件,它具有不可再生性和不可替代性,毁坏一块城砖或一处城墙建筑,就永远失去一件或一处历史见证物和象征物,就永远少了一个历史符号。

另外,现存的南京明城墙是南京旧城的边界体系,在此之内,记载着生动的老南京生活图景。伴随着城市化进程,历史城市的格局仍然深刻影响着当代城市的发展。南京明城墙在现代城市的发展与规划中具有不可估量且无可替代的多元潜在价值,是塑造南京历史文化名城和古都特色最直接、最生动的形象语言。

2.1.2 建筑或工程上的重要性

中国城市的出现是以城墙的建造为标志,6 000多年前城墙的雏形出现,之后随着攻城器械的不断发展——攻击距离的延长和破坏力的增大,城墙这一防御性建筑也随之增高加厚,并不断出现多种多样的附属建筑物。到明清时期,城墙的砌筑达到了鼎盛时期。南京明城墙采用巨砖大石为主体建筑构件,在中国城墙中等级最高、形制最具特色,在世界城垣史上也有着独特的文化价值和历史地位。作为中国冷兵器时代城市中最大、最为坚固的平战结合的防御体系实例,南京明城墙是中国传统筑城思想的继承与发展,也是人类冷兵器时代一座保卫首都的具有代表性的优秀作品之一。

城墙这种建筑形式,在数千年历史发展进程中凝聚了劳动人民的智慧和血汗，具有很高的军事和艺术价值，是中华民族传统文化的一部分，也是人类文明发展进程的一种实物例证。南京明城墙为保留中国筑城建筑史上的成就和杰作提供了可见的实物资料。

2.1.3 显著的线性形态特征

南京明城墙的建造长度以及保存长度都是迄今为止中国乃至世界堪称第一的都城城墙。根据2006年的科学统计测算，其完整形态的总周长为35.267 km，之后由于人为的拆除以及城墙本身的老化破损，对所有地面以上遗存段落长度的统计结果为25.091 km（张年安，2006）。如今的明城墙跨越了南京三个主城区，蜿蜒于南京钟灵毓秀的山水之间，其本身的线性特点为遗产廊道的构建奠定了形态基础。

2.1.4 自然对文化资源的重要性

不拘泥于古制，南京明城墙不规则的形制在中国历史上是一个空前绝后的特例，这取决于南京明城墙修筑的重要指导思想即军事需要。其依山傍水，利用现有地形构筑城墙，以达到防御的最大效果。南京明城墙的格局有巧夺天工之处，也正是因为有山体湖泊的天然庇护才能相对完整地保存至今。因此，山体、河流等自然地理要素是明城墙防护体系的重要支撑，也是明城墙文化遗产保护的重要内容。从今天的地理位置来看，明城墙以山体、湖泊、沼泽等自然生态系统为基底，串联了玄武湖、莫愁湖、秦淮河、石头城风景区、钟山风景区、狮子山风景区等众多人文与自然景观，犹如一条绿色的项链悬挂于南京城中，串联着南京依山傍水的城市肌理，也成为城墙遗产保护的重要生态基础设施。

2.1.5 经济重要性

南京明城墙是老南京的边界轮廓线。如今的南京城市发展早已跳出明城墙的原始束缚，通过"新城区开发"，突破了由城墙维护起来的单一中心城市空间，转变为多中心城市格局。但是明城墙仍然位于南京主城区的黄金地带，其内在的深厚历史文化内涵和连署的自然生态景观对于本市市民和外来游客的游憩和旅游活动显然具有极强的吸引力。通过构建明城墙遗产廊道，对遗产进行整体展示，同时拓展遗产空间和功能，增加遗产可读性，并通过适当的生态恢复措施和旅游开发手段，使文化遗产真正融入当代城市生活，为居民提供休闲、旅游、教育等生态服务，将极大带动城市中心区经济的复苏和发展。

2.2 建立明城墙遗产廊道的概念

遗产廊道的构建首先是基于某种或几种遗产资源的密集性和线性分布，同时在遗产廊道及其周围通常包含重要的环境景观资源。构建遗产廊道最根本的目的就是将这些资源进行整合保护，形成线性文化遗产的集合。

南京明城墙遗产廊道的概念是"以南京明城墙为主体遗产资源，并将沿线一定范围内的其他重要的物质及非物质文化遗产和关联要素串联在一起的线性的遗产区域"。构成明城墙遗产廊道的主体遗产资源是南京明城墙，其他遗产资源是明城墙周边沿线的文化遗产，关联要素主要包括廊道自然、经济、社会、文化等多种要素。

明城墙遗产廊道概念的提出一方面强调对明城墙文化遗产的理解应从时空完整性的整体观念出发，对其实施的保护也应具有整体性。目前南京明城墙的保护还仅仅是局部性和区段性的。建成于14世纪中期的明代南京城墙经过600余年的风霜雪雨和枪林弹打、自然和人为的破坏，如今被分成七段。城墙的边界线状特征蜕变为"点"或"段"，如果单纯从建筑单体的角度来看，这只会使文化遗产的保护孤立化和舞台化，无法实现遗产保护的真正目的。另一方面遗产廊道将有效整合周边文化遗产资源。南京作为国家级历史文化名城，在中国乃至世界都城的保护和发展史中都占据重要地位。南京众多的历史文化遗址、遗迹以及历史事件、风俗民情、故事传说等遗产资源的分布和明城墙一样，与南京山形水势的自然格局密切相关。南京明城墙如美丽的项链一般，不仅串起了南京的山水格局，也串起了南京的古都风貌和人文历史。以明城墙为纽带，串联周边跨越南京三个主城区的单体文化资源，将更有利于文化资源的整合和有效保护。

明城墙遗产廊道是自然结构、经济结构和社会结构所构成的统一体，是"自然与人类的共同结晶"，具有复合性结构特点。其中，自然结构是构成遗产廊道经济结构与社会结构的基础。

明城墙遗产廊道具有整体性功能和多样化的利用价值，其构建不仅从整体上保护了一系列文化遗产，而且凸显了文化遗产的文化价值、经济价值、社会价值和生态价值。

2.3 基本思路

本书从景观层面出发，以遗产廊道为新的视角对南京明城墙及其周边自然与文化遗产进行整体保护与构建策略研究。通过明城墙遗产廊道的构建，寻求明城墙及周边自然与文化遗产的保护与利用方式。

对于遗产廊道的构建，不同国家或不同类型的遗产廊道通常有不同的构建程序。总体来看,可以分为四个方面:①遗产廊道主题的确定与资源的界定;②遗产价值的评价;③项目规划与设计;④遗产管理。

明城墙属于文化遗产的类型,应该纳入文化遗产的认定、研究和管理体系中。南京明城墙遗产廊道不同于大尺度的区域性或国家性遗产廊道,其城市尺度的构建背景和与城市发展的相关性,决定了明城墙遗产廊道构建思路的特殊性和复杂性。本书采取如图2-1所示的基本思路,从时间、空间、文化三个维度对明城墙历史脉络进行全面综合的分析,基于层次保护法对廊道遗产资源进行评价与界定,并对廊道环境景观进行调研、分析与评价,在此基础上进行保护与格局的构建,并提出实施策略。这一研究的基本思路,对其他类似的城市尺度的遗产廊道的构建研究也具有借鉴意义。

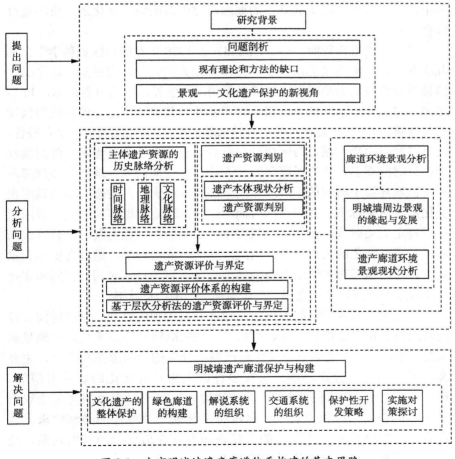

图 2-1 南京明城墙遗产廊道体系构建的基本思路

3　主体遗产资源的历史脉络分析

"历史脉络"是美国文化遗产保护工作中的一个基础且核心的概念，遗产保存规划的第一步即建立历史脉络，而后据此发展认定、价值评估、登录和干预处理等工作。建立历史脉络可以为文化遗产各阶段的保护工作提供基本信息，同时也是一种整体认识观的体现，通过历史脉络的梳理能够确保遗产呈现的历史得以保存，而不仅限于保护遗产本身。在本书中，笔者借鉴"历史脉络"的概念，对南京明城墙文化遗产资源进行综合分析。

瑞典人哈格斯特朗（Hagerstrand）于1970年在国际区域科学学会第九次欧洲大会上所做的演讲中，提出了经典的时间地理框架。这个演讲稿被学界普遍认为是时间地理学派得到国际学界认可的重要标志。40多年来，时间地理学从瑞典传播至世界各地，其理论与方法论不断得到发展与创新，与人类社会实践的结合越来越紧密，不仅在地理学界享有盛誉，而且对社会学界、城市与区域规划学界等也产生了重要影响。时间地理学强调时间观念，认为脱离时间就无法进行空间研究，地理学必须深入考察地理环境中时间的性质和作用，必须从静态走向动态。本书试图在文化遗产历史脉络研究中引入时间地理学的观点，即将文化遗产看成形成于特定历史时段，在特定地域发生，在某个领域领先发展、具有较高水平、富有特色的文化遗存。因此，基于时间地理学、遗产保护学和景观学理论，本书对主体遗产资源的历史脉络将分别从时间、空间和文化三个维度来把握，从而呈现一个全面而综合的历史脉络。

文化遗产景观的时间脉络包括遗产项目的形成时间、衰落时间、持续时间段、使用频率和强度、变化等。空间脉络是界定文化遗产地景观最为普遍的尺度，主要包括文化遗产要素分布的空间形态与格局，主要文化遗产的集中分布区域，历史事件、人物及其文化的影响范围等。在文化遗产保护与再利用中，设法使拥有特定文化内涵的文化景观的时间地理格局保持完好统一，是维持文化遗产整体性的必然要求。遗产的文化脉络反映遗产要素的文化内涵及其在历史上的有机联系，是文化遗产地景观整体价值形成的基础。

3.1 南京明城墙的时间脉络

3.1.1 定都南京

南京山形水势的地理格局是朱元璋将古金陵城作为根据地的首选原因。元至正十四年（1354年），身为起义军领袖的朱元璋就自身日后的发展方向，曾问计于前来归复的定远人冯国用。冯氏（即冯国用）道："金陵龙蟠虎踞，帝王之都，先拔之以为根本。"①朱元璋在攻克太平路后又就这一问题询当地耆儒陶安："吾欲取金陵，如何？"陶安亦言："金陵帝王之都，龙蟠虎踞，限以长江之险。若据其形胜，出兵以临四方，则何向不克！此天所以资明公也。"②基于此之共识，朱元璋坚定了以金陵为根据地的信念。经过10余年的经营，朱元璋终至统一全国。1368年，平定天下的朱元璋即皇帝位于应天，"定有天下之号曰明"③，以"应天"为"南京"。

3.1.2 南京京城城垣的建造

"高筑城，广积粮，缓称王"是隐居在石门山里的老儒朱升给朱元璋的建议。朱元璋显然采纳并身体力行了此建议。待天下局势已定，朱元璋便开始大兴土木。据史料记载，自元至正二十六年（1366年）"秋八月庚戌，改筑应天城，作新宫钟山之阳"始，至明洪武十九年（1386年）十二月"诏中军都督府督造……新筑后湖（今玄武湖）城"③，历时20余年建成。

如今，我们能看到的南京明城墙是指四重城墙唯一保留下来的京城城垣，京城城垣建造长度为35.267 km，如今现存25.091 km（张年安，2006）。与世界著名的城墙相比，南京明城墙无论从性质、规模、现存长度还是文化信息、历史价值都独具一格，独领风骚，堪称"世界第一历史都城城垣"。

1）南京明城墙的城池防护体系

（1）城墙墙体

朱元璋在原有南唐旧都城的基础上拓建新城（图3-1）。"丙午八月庚戌朔（1366年9月5日），拓建康城。初，建康旧城西北控大江，东进白下门外，距钟山既阔远。而旧内在城中，因元南台（即元御史台）为宫稍庳隘。上乃命刘基等卜地定，作新宫于钟山之阳，在旧城东白下门之外二里许，故增筑新城，东北尽钟山之趾，延亘周回凡五十余里。"④

京城城墙的墙体分两个时期完成，墙体质地与砌筑方式亦有不同。早期建造的墙体，因建国筹备阶段财力、人力等诸多因素，只能以旧城为根据进行拓建。增筑新城的高度与厚度以原先应天府旧城为标准。初建的新城墙体，高约10 m，厚约5 m（有些地段更窄）。"新城"墙体大量采用了块石、六朝墓砖、旧砖及新烧造的少量城砖等建材，并直接用于城墙贴面。明洪武六年（1373年）后，朱元璋对南京城墙进行改建，使墙体发生了很大变化。当年所筑新城的墙体，也因南京城墙的改建而

①《明史》卷一百二十九《冯胜传》。
②[清]谷应泰《明史纪事本末》卷一《太祖起兵》。
③《明太祖实录》卷一百七十九，洪武十九年（1386年）十二月己酉。
④《明太祖实录》卷二十一。1里=500 m。

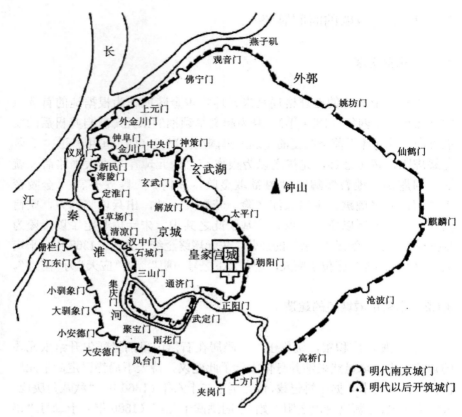

图 3-1 明代南京城垣示意简图

被砌进了后来的墙体之中。此时期改建成的南京城墙,墙体表面或内部使用了大量块石、条石以及高规格、高质量的城砖,这在中国古代筑城史上较为罕见。对京城城墙进行加高增厚的修(改)筑工程,一直延续到洪武末年(1398 年)。

南京新造城墙的布局在沿旧都城的基础上如何延伸,当时有两种选择:明城墙修建的方案之一,是沿着玄武湖南岸的覆舟山和鸡笼山麓的六朝建康城的北墙向西修筑,经鼓楼岗至清凉山与西面城墙相连接。从目前的遗迹来看,朱元璋起初确实选择了这一方案,今鸡鸣寺后面被俗称为"台城"(非六朝时期的台城,今南京明城垣史博物馆坐落于此)的一段城墙大致与现存明城墙的走向相垂直,在当时被加固和改筑,并向西延伸至鸡笼山中麓。然而,这一方案最终被朱元璋出于江防的考虑而放弃,新方案将城墙沿玄武湖西岸向北筑,至湖的西北角转而向西逼近长江,将狮子山并入,再向南将马鞍、清凉等山包入,与西面城墙相连。这样,就形成"东尽钟山之南岗,北据山控湖,西阻石头,南临聚宝,贯秦淮于内外"⑤的建造形势。可以说,京城城墙不规则的独特形制,是朱元璋出于军事防御考虑,不拘泥于古制,充分利用地形,因地制宜筑城的思想体现。

其实,明代以前,南京在各个时期所修建的诸多城垣在其选址上大

⑤ [清] 陈文述《秣陵集》卷首《明都城图考》。

都呈现出依山而建的特点,从越城到南朝建康城皆如此。防卫上的考虑是造成这一局面的最主要原因,南京城自身的山水形势、地理格局是导致这一建造形势的直接原因。南京明城墙的形制特点也是历史的相似性和延续性所在。

对于京城城墙的周长,历来有不同的说法,相比较起来,不计瓮城、"台城"等,以1928年《首都计划》的33.5 km和1958年统计的33.676 km数据相对公允。2006年,南京市测绘局公布的最新数据是35.267 km。

至于城墙的面积,《首都计划》称城墙以内之地域,"有四十一方公里";《中国筑城史》称"43 km²";2006年测绘数据为41.07 km²。

(2) 护城河

护城河又称城壕,是所谓城池中的"池"。护城河是南京明城墙的重要组成部分。朱元璋在建造南京城墙时,对城墙外侧的护城河极为重视,曾先后数次分段疏浚河道。如明洪武五年(1372年)十二月"修浚京师城壕"⑥等,使城墙周边的河道更加宽广、通畅,并起到护城的功效。护城河的开凿充分利用南京城市的河道、湖泊等自然水系,省去了人工开凿护城河的浩大工程,形成天然的军事屏障,即"玄武湖注其北,秦淮水绕其南,大江环其右,此又建业天然之池也"⑦。

如前所述,明城墙的东、南、西三面利用了前代旧城垣,此段城垣处于外秦淮以内,与其呈基本平行的走向,外秦淮因而成为明代南京城东面偏南段、南面段及西面偏南段的既有护城河。

明城墙的东面偏北段及北面偏东段的城垣走向在很大程度上也受到了水体(确切地说是湖)的影响。这段城墙向北延伸经前湖、琵琶湖后至龙广山(今富贵山)又折向西行,其北则为玄武湖,此湖的水域面积在南京城诸湖中为最大,以其作为天然护城河在当时实乃上策。此段城墙走向沿玄武湖的南岸与西岸,与湖岸平行,即"缘后湖之右"⑧,一直向北修筑,至湖的西北角转而向西逼近长江,使长江奔涌环绕于南京城的西、北两侧,呈西南至东北的流向。

总体来讲,护城河充分利用秦淮河、清溪、金川河以及玄武湖和前湖等天然水源,经过对这些河道湖泊的疏浚、引导,人工开挖勾连成壕,只有"城之东北"太平门外("龙脖子"段)城墙的外侧没有开挖,因朱元璋怕破坏龙脉,故而没有开挖山体使之成壕。

(3) 城门

当时京城城门共设13座。南京民间流传着一种说法:"神策金川仪凤门,怀远清凉到石城,三山聚宝连通济,洪武朝阳定太平。"除上述南唐都城城门改名聚宝、三山、石城并加以扩建外,还在适当部位开门10座:"南曰正阳(今光华门),南之西曰通济……北曰太平,北之西曰神策(今和平门。清初,因自此门出击郑成功获胜而改名得胜门)、曰金川、曰钟阜;东曰朝阳(今中山门);西曰清凉,西之北曰定淮、曰仪凤(今兴中门)"⑨(图3-2,表3-1)。

⑥《明实录·太祖实录》卷七十七,中央研究院历史语言研究所校印本。

⑦[清]顾炎武《肇域志·南直隶·南京应天府》。

⑧嘉庆《新修江宁府志》卷十二《建置·城池》。

⑨《明史·地理志》卷四十,中华书局1974年4月版。

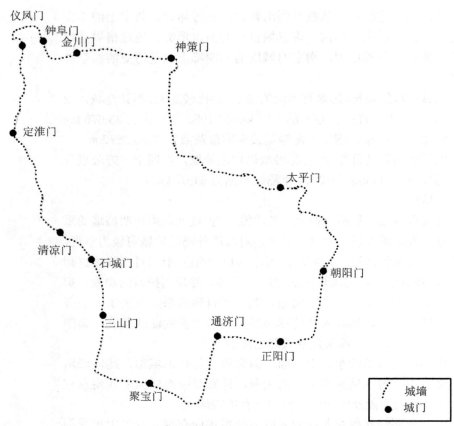

图 3-2 明代南京京城城墙及城门分布示意图

表 3-1 南京明城墙（京城城墙）明代城门一览表

明城墙		今日名称	今日位置	城门结构及瓮城	朝向	备注
东门	朝阳门	中山门	原址于今日中山门偏南	单孔券门，城下有水关	坐西朝东	明代唯一的东门。连接皇城和明孝陵的通道。1865年增设一道外瓮城。1929年为迎接孙中山灵柩，国民政府将原朝阳门瓮城拆除，建三拱券城门，即今中山门
南门	正阳门	光华门	南面三门中东面一门	内外复合型瓮城	坐北朝南	南京京城正门。1931年改名光华门，20世纪50年代被拆除
	通济门	通济门	南面三门中中间一门	三重船形内瓮城，四道城门	坐北朝南	规格最高的三座城门之一，南京城门中占地面积最大的一座。处于内外秦淮河的分流处，内秦淮河由此入城。20世纪50年代被拆除
	聚宝门	中华门	南面三门中西面一门	三重内瓮城，四道城门，27个藏兵洞，可设伏兵3 000人	坐北朝南	规格最高的三座城门之一，有中国现存最大的城堡式瓮城。因其不远处的聚宝山（今雨花台）得名，其为南唐都城至宋元南京城的"南门"所在，也是南京内城的正南门。1931年改名中华门

续表 3-1

明城墙	今日名称	今日位置	城门结构及瓮城	朝向	备注
西门	三山门	水西门	西面五门中南面第一门	三重内瓮城，四道城门	坐东朝西	南京城市西面最重要的一座城门。旧日从水路进入南京的主要孔道。规格最高的三座城门之一。原为南唐都城至宋元南京城的"龙光门"。"文化大革命"时被拆除
	石城门	汉西门/旱西门	西面五门中南面第二门，遗址位于今汉中门稍南	两道内瓮城，三道城门	坐东朝西	原为东吴孙权建石头城的南端城门"石头城"，南唐至宋元南京城的西门，明时朱元璋在此基础上加筑瓮城。1958年大部分被拆除，后得到修复，现保存于汉中门市民广场
	清凉门	清凉门	西面五门中中间一门，位于清凉山西麓的石头城旁	一道城门和一圈椭圆形内瓮城	坐东朝西	位于清凉山西南部高低起伏的山崖上，由于地处偏僻，除镝楼不在，其余得以基本保存至今
	定淮门	定淮门	西面五门中北面第二门	—	坐东朝西	此门因临近城内马鞍山，初名"马鞍"，后因其濒临外秦淮河的入江处，改作"定淮"。清朝因秦淮河淤塞，此门被废，1958年被拆除，今只剩遗地遗迹
	仪凤门	兴中门	西面五门中北面第一门，临近城墙西北角	单孔城门	坐东朝西	依狮子山而建。明末出于城防而封闭，清朝复开。1895年，张之洞在其下铺设南京第一条近代马路。1931年改名兴中门。1971年由于建宁路修建被拆。2006年复建为一座三孔城门
北门	钟阜门	钟阜门	北面四门中西北面第一门	—	坐西朝东	洪武初，名"东门"，后因其遥对钟山（亦称"钟阜"），于洪武十一年（1378年）更名为钟阜。成化年间被封闭，后未重开。1958年左右被拆除
	金川门	金川门	北面四门中西北面第二门，位于今萨家湾以北	有水关一座	坐南朝北	因金川河由此出城而得名。明末一度封闭，清朝复开。1402年靖难之役中，明成祖朱棣由此入京，建文帝政权因此覆灭。1907年，沪宁铁路由此门入南京至下关。1957年被拆除
	神策门	和平门	北面四门中东面第二门，临近玄武湖西北角	外瓮城	坐南朝北	至今保存最完整的一座城门，也是至今唯一保留有民国以前镝楼的城门。清朝时增建外瓮城，光绪年间重建镝楼。1658年，顺治帝改名得胜门。1929年，改名和平门。近代曾一度作为油库和军事禁区，现修缮后对外开放
	太平门	太平门	北面四门中东南面第一门，临近玄武湖东南角，建于覆舟山与富贵山之间，据有山湖之险	—	坐南朝北	南京城北面正门。明代曾设监狱于此门外，故名"太平门"。太平门东面城墙被称为"龙脖子"。1958年被拆除

图 3-3　通济门及船形内瓮城
（摄于 1929 年）

先期筑造的城门比较简陋，以单一城门为主，少数城门建造瓮城；后期改建的城门，因当时的社会稳定、经济恢复、国力增强，城门筑造相对坚实，其城顶也相当宽广，有条件建造更为宽广的城楼、镝楼，并且创造性地建造了城门的附属设施——内瓮城。朱元璋及城垣建造者们不仅将前人"内瓮城"的构想付诸实施，而且有了发展和创新，设置瓮洞（即藏兵洞），将城门守御由薄弱部位变成防御作战中的强点，充分体现了"国之利器，不可以示人"的道家思想。明城墙共设置瓮城 7 座，分别是正阳门、通济门、聚宝门、三山门、石城门、清凉门和神策门（朝阳门也曾设有外瓮城，但为清代增筑，还有一说建于明代，因有争议待定）。这 7 座瓮城除正阳门为内外复合型瓮城、神策门是外瓮城，其他 5 座均为内瓮城。其中聚宝、通济和三山三门为三重瓮城，每座城门都设有双扇木门和千斤闸。聚宝门瓮城开辟有 27 个藏兵洞，平面呈船形的三山门、通济门内瓮城（图 3-3）不仅方便另筑藏兵洞以增强城门的防御能力，还融入了强烈的艺术性和思想性，反映了当时人们的审美情趣和某种愿望。聚宝门城门（今中华门城堡）为世界上迄今保留规模最大瓮城。清凉门是目前所知最小的内瓮城，由一道城门和一圈内瓮城组成。三山门、通济门、正阳门的内瓮城，与城门一同在 20 世纪五六十年代被拆毁。石城门的内瓮城部分保留于汉中门市民广场。

明代，随着制砖技术的提高，拱券技术用于城门，也始于南京明城墙。在采用了支模施工和石灰浆砌造城门拱券新技术后，拱券跨度有了大大增加，为建筑与气势恢宏的南京城墙相适应的城门提供了必要的技术条件。13 座城门均建有城楼，设有瓮城的城门还建有闸楼，形成前为闸楼、城楼，后再设闸楼的独特形式。城门及瓮城城门通道皆为青石铺砌。每座城门及瓮城城门均设木质对开城门、上下启闭闸门（俗称"千斤闸"）各一道。

南京城墙 13 座城门位置，不求对称，其建造选址讲究，皆据城市整体布局和防御需要而设置，形成坚固城防并便利交通。除了部分在南唐原有城门址上修建外，其余均紧密结合了当时的山形水势，利用自然要害形成天然军事屏障。朝阳门为都城的东门，其外即为钟山，也是前往明孝陵的必经之路；通济门临近内外秦淮河的分流之处，内秦淮河由此入城，南唐时在此建有上水门，明初则建东水关于此；与之相对的三山门处于内秦淮河的出城之处，内外秦淮河于此合流，明初建有西水关；定淮门之外为秦淮河之入江口；仪凤门开于狮子山西侧，在当时为出入长江边的必经之路;金川门有金川河通过,门因河而得名;神策门处在玄武湖的西北角,地近城外的幕府山和长江,在军事防守上尤为重要;太平门则位于玄武湖的东南角,是由湖区入城的便捷通道,而"自钟山之麓西抵覆舟山"⑩所开辟的太平门,处于富贵、覆舟二山之间的冈垄上,是由城外东北部地区通向城内的最便捷通道,对扼守钟山、控制南京北部关系重大。

（4）水关、涵闸、涵洞

为解决南京城内水系的进出与城垣之间的矛盾,保障城内居民用水和控制城内河道的水位,避免涝时淹、旱时涸,在一些地段根据水量的大小,分别设置可以通水通船的水关、可以调节进出水量的涵闸及仅能通水的涵洞。京城水关、涵闸、涵洞的设计精巧、合理,反映了明初精湛的筑城工艺和周密的平、战结合的城市水利运用思想。据《同治上江两县志·明应天府城图第八》（史学海本）载:正阳门至朝阳门有"水闸一"座;通济门至聚宝门有"水闸一"座;三山门至石城门有"水闸一"座;石城门至清凉门有"铁窗棂水洞一"座;清凉门至定淮门有"水洞四"座;定淮门至仪凤门有"水洞四"座;仪凤门至钟阜门有"水洞一"座;钟阜门至金川门有"水洞二"座;金川门至神策门有"水洞一"座;太平门至朝阳门有"水洞二"座;朝阳南至正阳有"水洞三"座、"水闸一"座——合计22座。在实际统计中,该志尚有缺漏,如后湖小门至太平门今称武庙闸的水闸、太平门向西的"湖头"的小闸等其他地段的水关和涵闸等。据目前不完全统计,在京城初建时期,就有计划地预建进水水关、涵闸、涵洞8座,出水水关、涵闸、涵洞16座,合计24座,其中,以东水关、西水关、北水关及武庙闸颇具规模。

东水关,俗称东关头、上水关,为内秦淮河入城处。位于通济门南侧,设有大小33个券洞,分三层,每层11个洞。上面两层22个洞（亦称藏兵洞）,向城外一侧封堵,以增加水关的防御机动能力;最下面一层11个洞进水,中间一洞稍大,可通舟楫。水关设计非常科学、实用。

西水关,俗称西关头、下水关,为内秦淮河出城处。位于三山门南侧,结构与东水关相同。

北水关,位于金川门东侧城下,是城北金川河出城通道。在该水关中间涵洞内设活动金属栅门一对,上方有内外为金属的倾斜钩刺,以防敌人从水路翻爬进城。

通心水坝,俗称武庙闸,为玄武湖主要泄水入城水道,也是城内珍珠河的主要源头。明朝建城墙时,将原有水关扩建成大闸,称"通心水坝"。

（5）桥道

在京城13座城门外的护城河上,均设有通衢桥梁,以利于城墙内外交通,桥名大都取自附近城门名。如正阳桥、通济桥、聚宝桥、三山桥、石城桥、金川桥、平桥等。桥梁因门而设,部分桥梁与城门并非在同一条轴线上,稍偏城门或左或右各不一致,实为防御所需而定。

⑩《上元县志》卷三《舆地志中·城池》。

2）建筑技术

南京明城墙自建成之日起，一直是世界上最宏伟的城墙，它创造了中国筑城史上多项奇迹，充分展示了中国古代劳动人民的聪明才智，达到了中国城垣建筑史上的一个高峰，也是中国筑城史上成熟时期的杰作。对于南京明城墙的建造特色，已有不少学者对此进行了分析和概括，笔者在这里做归纳与总结。

（1）墙基处理方式：在依山的地段，顺山势而建，直接以山体岩石为基础，使城墙与山体岩石连为一体。在傍水的地段和地势低洼、土质松软的地段，深挖基础至原生土，上铺巨石为基；在挖不到原生土的低洼地段，采用圆木打桩，木桩长达10余m，在"井"字形木桩上再铺上石块，用来固定基础。在无山、城、堤的地段，墙基有四种类型：第一类，条石墙，内部以块石、乱石与黄土夯填或以城砖砌筑；第二类，城砖墙，内部以城砖砌筑或以黄土和块石夯填；第三类，条石、城砖混砌墙，内部以城砖砌筑或以城砖和土干叠；第四类，包山墙，内部为山体。

（2）墙体：城墙堆砌呈梯形，使内外壁均向内倾斜，形成内向挤夹劲，促使墙体保持平衡，即便出现地震也能防止倾倒。墙体的材料有的地段用砖砌筑，有的地段用条石砌筑，有的地段用条石和砖混合砌筑，有的地段则直接用砖包砌在山体上，称包山墙。

（3）砌石与包砖：条石一般长60—120 cm、宽90 cm、厚35 cm，最大的每块重达千余斤（1斤=500 g）。

（4）城砖：首先，城砖的使用就是南京明城墙改写中国筑城史的一个方面，其带动了中国制砖业的发展，从此之后城墙基本用砖砌，而在此之前则基本是夯筑的。其次，城砖上大量的铭文是南京明城墙所独有的。它反映了制造一块城砖所涉及的官员和制砖人夫的层层责任人长达5—8级（府、州、县、总甲、首甲、小甲、制砖人夫、窑匠等）。南京城砖的铭文信息明确反映了明初的中央集权制，是一座"活"的明初资料库（图3-4）。

城砖规格长40—44 cm、宽20—22 cm、厚11—13 cm，城砖一般每块重20 kg，其来自长江中下游的安徽、江苏、江西、湖南、湖北五省。按使用的原料，可将它们分为黏土砖、沙土砖和瓷土砖三种。黏土砖主要选择黏而不散、颗粒粉细而不含沙砾的好黏土，用水滋润，经过人畜反复践踏后制成坯，晾干后入窑烧制，成品颜色呈青黑色，质地细密、坚硬，吸水性较弱。这类城砖数量最多、产地最广。沙土砖就是黏土中含有部分沙砾，质

图3-4　反映了层层责任制的城砖上的铭文

地紧密、坚硬,吸水性较强。这类城砖的数量仅次于黏土砖而多于瓷土砖,颜色多为青色,也有少数在烧制过程中因氧化还原不够充分呈现微红色。瓷土砖又称高岭土砖,质地细腻紧密,表面光滑,吸水性极弱。在以黏土砖和沙土砖为主的南京城砖中,这类城砖属于珍品。其铭文表明,这类砖大多来自盛产高岭土的江西省,颜色多为白色或米黄色。

(5) 坚韧的黏合剂配方: 南京明城墙的黏合剂配方至今仍是个谜。今天,我们在南京明城墙的砖缝或石缝之间所看到的白色物质,就是古代的黏合剂。这种黏合剂凝固性能极强,历久弥"硬",可与今天的高标号混凝土相媲美。南京民间自古以来曾流传着用糯米汁、石灰加桐油等作为黏合剂建造城墙的传说。

(6) 防水、排水系统: 南京明城墙防水、排水系统可以分为墙体本身的防水、排水系统和城区内外的防水、排水系统。

城墙墙体顶部防水措施: 为防止城身雨水的自然渗透,在城顶做平砖竖砌的砖面散水坡,外高内低,向城内倾斜; 在一定间距处砌自外向内的明沟,内壁女墙下设石质明沟以汇城顶之水; 又在一定间距处的城墙内壁砌入一出挑约70 cm的石质水槽,把城顶流下来的水远抛城下; 在内壁城根设有略高出地表的石质明沟,承接下泻之水,引入通往城内河流的窨井。这个完整的排水系统,在中华门可以见到。

控制城内河流水位的措施: 城内水系均源于城外的金川河、秦淮河和玄武湖,为防止涝时淹、旱时涸,在入水口的城墙部位安装水闸或闸门。内秦淮河的起点为东水关,前后建有控制进水量的两道闸门; 玄武湖和前湖的进水口则设地下铜水闸并配以或铜或铁的涵管与砖砌涵洞相连。这种水闸,先后已于明故宫外五龙桥东御河入口的城根和武庙闸城根发现。武庙闸铜水管和铜、铁涵管现存于南京市博物馆。

3.1.3 南京明城墙历史沿革及价值的转变

1) 历史变迁及重大事件回顾

南京明城墙自建成之日起,其所受到的毁损、修缮以及改造便一直受到关注。在毁损方面,主要有三点原因: 其一,自然界的风雨雷电和寒暑变化使城墙受到风化和侵蚀,城砖及黏合材料强度降低,防水层遭到破坏,砖隙间长出植物,以及疏于管理、修缮不力; 其二,作为城市重要及最大的防御工事,除了战争对其造成的直接破坏外,还有因战事需要而附加在城墙上的各类工事,对墙体结构造成损坏而留下隐患;其三,由于各种主客观因素对城墙进行的有组织的拆除或私自盗拆。

而对于明城墙的修缮,其动因也是多方面的: 明清以及民国期间的修缮主要是出于明城墙作为军事防御功能的城防需要,而中华人民共和国成立后的修缮则是出于从文物保护的高度充分认识到南京明城墙的历史文化价值。

明代，南京城墙已有局部毁损，主要是城楼、城门等木构件以及护城河的淤塞等方面。清代，城墙开始出现战争破坏的因素，主要是清军与太平天国的两次战争对江宁府城墙的破坏很大。随着南京不再作为都城，其政治地位有所下降。由于南京明城墙军事防御级别的降低以及交通需求的减少，部分城门曾一度封闭，防守兵力也有所减少。因为南京明城墙在城市防御体系中的作用仍然十分重要，所以统治者一直很重视对城墙本体的维修，此时期以备战护城为目的对城墙进行日常性维修，以及在南京周边局势发生动荡之际，对城墙损毁地段进行重点修缮和加固。这一时期，城墙本体的改变并不大。

民国期间，在高速发展的火器面前，明城墙原始军事防御功能逐渐弱化，而其限定、围合以及交通功能则受到城市发展所带来的前所未有的冲击，城墙在一定程度上阻碍了城市交通及经济发展。同时，南京明城墙在城市中的传统地位被颠覆，由于价值观的不同，首次出现了"拆"与"保"之争，开始萌发大规模拆城的实质性动议。最终由于战争的因素，城墙才得以保存和开展较大规模的修缮。但此时期的修缮，由于当时政治、经济、文化等诸多方面的因素，出现了资金不足、偷工减料、以次充好等现象，埋下诸多隐患。抗日战争期间，侵华日军对南京明城墙造成无法挽回的破坏，导致城墙破败不堪、险情四伏。

中华人民共和国成立后，人们对城墙的认识也曾走过一段弯路，并为此付出惨重的代价。20 世纪 50 年代，由于特殊的政治原因，也囿于人们对城墙存在价值观的局限，在战争中得以幸免的城墙又一次遭受人为的拆除：从拆城排险，发展到局部拆城取砖，致使局部拆城扩大化。据 1958 年南京市城建局统计：南京城墙全长 33.676 km，全部拆除 4.993 km，城砖拆完、条石保留 9.177 km，部分拆除、部分保留 4.198 km，完整与部分保留的城墙全长 28.683 km。直到 20 世纪 80 年代，人们对南京明城墙的认识才逐步上升到历史文物保护的范畴，随着南京明城墙被列为国家级文物保护单位，在各级政府和部门的支持下，社会各界广泛参与，形成以专业队伍为主体、专家学者为顾问的团队，对南京明城墙进行大规模保护性维修。经过 20 多年的维修，南京明城墙目前长度约占初始状态的 2/3。自 2000 年以后，南京明城墙不仅局限于局部地段的维修抢险，还按规划进行有步骤的大规模修缮；同时，随着《南京明城墙风光带规划》（1998 年）的出台，城墙修缮将与周边环境整治并举，既对城墙本体进行保护，也使得城市面貌得到改变，取得显著的社会效果。如今，南京明城墙已成为南京历史文化名城的重要载体，受到社会各界的重视和保护。

600 多年来，南京明城墙在军事上的单纯防御功能，在更为先进的火炮面前逐渐退出了战争舞台。总体来讲，明城墙的地位和价值呈现出动态的变化。为直观起见，现将明末至今南京明城墙所经历的重大事件及历史背景分析一并列表，如表 3-2 所示。

表 3-2　明末至今南京明城墙所经历的重大事件及历史背景分析

时间		经历事件	历史背景分析
明末		先后封闭仪凤门、钟阜门、金川门	明成祖迁都北京，南京作为留都，政治地位遭贬。封闭由西而北的城门，一方面是出于防御功能的需要，另一方面是由于城市交通需求的减少
清朝	清初	封闭神策门、清凉门	
	顺治十六年（1659年）	复开仪凤门、神策门	
	太平天国运动（1851—1864年）	战争破坏	南京明城墙真正经历冷兵器战火的检验
	1895年	张之洞引路入城，开筑"江宁马路"，贯通城区南北	开创了明代以来南京城墙与城市交通的新节点，新筑城门与防御无关，主要满足城市交通发展的需求；城墙与城市发展的矛盾开始显现
	1909年	开通"宁省铁路"，复开金川门，引铁路入城，先后开筑草场门、丰润门（今玄武门）、小北门	
民国	1915年	"以工代赈"式拆墙，变价作卖城砖	是后面大规模拆城的前奏
	1926年	侵华日军炮击夺取城墙，城墙遭严重破坏	城墙遭受战火的破坏
	1928年	南京国民政府下令拆除神策门—太平门一段，遭到徐悲鸿等人反对	南京国民政府"以新都建设需费，将标卖南京全城城垣城基"；由于近代城市发展，引发南京明城墙"拆"与"保"之争
	1934年	南京警备司令谷正伦提出《关于南京城防的建议案》，将修葺南京明城墙列入城防计划	城墙重新肩负起保城卫国的功能，客观上使其得以保留
	抗日战争	侵华日军进犯南京，对城墙的破坏程度远超自明代以来历次战火的损毁	城墙遭受战火的破坏
	解放战争	南京当局仍寄希望于城墙的防御功能	在近代飞速发展的火兵器时代，城墙已逐渐失去传统意义上的军事防御价值
中华人民共和国成立后	1954年	因经历两个月的强降雨，南京市人民委员会及南京市政治协商委员会联席会议决定：南京古城墙"除有历史文物价值的有助于防空、防洪以及点缀景点的部分应予以保留，其余一律拆除"	中华人民共和国成立不久，政府尚无力投资修建城墙，是为保人民生命财产安全、疏通城市交通、发展经济的无奈临时性措施
	1957年	中华门瓮城被列入省级文物保护单位	—
	1958年	全国"大跃进"，南京有关部门将拆城机构下放，以城砖来弥补建用砖不足，城墙管理逐步失控	在特定的年代和特殊的政治形势下，南京明城墙的历史价值几乎被忽略。大规模的"拆城"行为造成了无法弥补的损失
	六七十年代	"文化大革命"时期，城墙管理处于失控状态，在城墙顶上或周边搭建违章建筑或在城墙基挖防空洞盛极一时	特定的年代和特殊的政治形势对城墙本体及周边环境造成难以弥补的伤害

续表 3-2

	时间	经历事件	历史背景分析
中华人民共和国成立后	1982年	南京市政府公布了《关于保护城墙的通告》	20世纪80年代后，南京明城墙的历史文化价值才重新引起人们的重视，"拆城"行为从根本上被遏止，南京明城墙的发展进入了一个新的时代
	1984年	《南京历史文化名城保护规划》以及《南京城市规划纲要》等文本编制完成，其明确指出，"旧城的标志最有价值的当属明代四重城池"	
	1988年	国务院公布南京明城墙为全国重点文物保护单位，南京市政府成立了南京市城墙管理处，拨专款经费对城墙进行抢救式修复	
	1989年	南京市第十届人民代表大会常务委员会第八次会议制定了《南京市文物保护条例》	
	1996年	南京市启动了专项地方立法，颁布实施了《南京城墙保护管理办法》，此后的明城墙保护有章可循、有据可依	
	1998年	《南京明城墙风光带规划》制定完成，有效保护了城墙，为城墙的进一步保护管理及开发利用奠定了基础；成立南京明城垣史博物馆	
	2004年	南京市政府出台《南京明城墙风光带总体规划和分段规划》	

南京明城墙建造的初衷是作为古代都城的重要军事防御工程，同时也作为都城的边界，其功能和地位以及价值的转变受三方面因素的影响：①政权朝代的更迭。随着明朝迁都北京，南京不再是全国的政治经济中心，明城墙的地位也随之降低。曾经在较长的时间内，明城墙受自然因素的破损得不到及时的修补与防护。②战争武器发展的影响。随着火炮等现代战争武器的发展，南京明城墙作为冷兵器时代的产物，在20世纪30年代的南京保卫战中成为最后的绝唱，之后逐渐退出了历史舞台。这也是现代战争的昭示。③城市发展的影响。城墙的防卫功能要求城墙对一个城市的主要城区做围合性、封闭式保护。围合之下的城区成为一个与外界隔离的人居环境与交往体系，城墙内外的生活内容由此变得迥异。但是，伴随着围合形式而来的是城墙作为界限的限制作用，它同时制约着城内的空间。而城市是一个发展变化的有机体，在城市演进的过程中，限定式的城墙往往和城市发展不合拍，造成城墙与城市发展的矛盾。

究其根本，则主要是由于人们对南京城墙在不同时期价值取向的不同，南京明城墙所经历的重大事件是人们对其价值认知的直接反映。纵观其变迁史，笔者将人们对明城墙价值的认知过程大致分为三个阶段：①辛亥革命以前，南京明城墙作为城市的边界和围合界面，主要承载防御和交通功能，即"实用价值"，统治阶级对城门的封闭或复开政策基本都是基于实用功能的考虑。②辛亥革命之后至改革开放之前，一方面明城墙"实用功能"逐步退化，另一方面人们对其新的价值认知尚未形成，因此，人们对明城墙的认知出现了一个断层，走了一段弯路，并为此付出了相当大的代价。主要体现在民国初"以工代赈"式的拆城，国民政府定都南京后为城市建设需要而拆除城墙，20世纪五六十年代由于历史的特殊性大规模破坏和拆除城墙的行为。刚开始的时候，人们还仅仅是把明城墙当作一个有实用价值的建筑物来改造，这从某种角度上来说也是一种无奈的选择。生产力低下，人们只好拆除明城墙进行各类建设。

③ 20世纪七八十年代之后，随着社会文明的进步，在党中央、国务院及城市管理部门的积极倡导下，南京明城墙的"文化价值"逐渐凸显，人们对此也有了逐步的认同和接受。在此背景下，南京明城墙被定位为历史文化遗产，并在20世纪80年代步入了全社会保护文化遗产行为的健康轨道，同时受到法律的保护。

与此同时，我们也应注意到，作为文化遗产的城墙，其遗产实体与当今城市建设实态存在着众多矛盾冲突。清朝以及民国期间，城市化程度还不高，加上城北有大量土地可以开发，因此，城墙与城市建设之间的矛盾还不突出。随着城市的进一步发展，城墙已成为城市发展的障碍，人们不得不考虑如何协调城市建设与城墙改造之间的关系。因此，如何在当代城市化背景下，进一步挖掘南京明城墙本体潜在的多元价值（包括新的实用价值），使其与当代城市发展相契合，是影响城墙在新时代背景下得以延续的根本。

2）城门的修复、更名、重建与增筑

明初13座城门的建设是坚固城防与便利交通并举的策略。随着南京明城墙防御功能及地位的改变以及城墙与城市交通发展的冲突，城门及其附属设施在之后的漫长岁月中不断经历修复、重建、更名及增筑。

明代及清初，因南京不再作为都城，其对外城市交通需求减少；同时，南京西侧临江，北边荒凉，难以把守，因此，到明末先后封闭了仪凤、钟阜和金川三座城门，清初继续封闭神策门、清凉门。顺治十六年（1659年），又复开仪凤、神策两门，且当时正阳与朝阳两座城门为清代驻城通道，一般百姓不得出入，供居民进出的实际只有八门。

清朝末年为便利交通，在定淮门与清凉门之间开辟草场门。1895年，张之洞为配合新建的南京港，自仪凤门外下关淮口以西新设码头起，"修造马路至城内碑亭巷止，计长十五里"，马路从碑亭巷到两江总督府再延伸至通济门，成为贯通南京城区南北的主干道。1910年，两江总督筹办"南洋劝业会"，在临近会场的明城墙上增开了一座新城门——丰润门（今玄武门）。这座城门打通了通往玄武湖的通道，使玄武湖成为南京的"后花园"。

民国期间，为满足城市交通及经济发展的需求，1914年，在南京下关商埠局的倡导下，为开辟新的街市，在仪凤门以南又新开海陵门；1927年拆除原有单孔海陵门，在原址上改筑三孔券门（1928年更名为挹江门），在明朝阳门以北开中山门；1931年在明石城门北侧拆城开汉中门；1933年在中华门东西两侧拆城开中华东门和中华西门，在金川门西侧开新民门，在中华门北、通济门南开武定门；1934年在中央路段开中央门；1936年在江宁路的雨花桥前开雨花门。

民国十七年（1928年）四月，南京国民政府教育部向国民政府提出南京各城门名"非寓有封建思想，即涉及神怪谬说，于现代潮流颇不适合……将最有窒碍之各门旧名一律取消，改用所立之新名"。后经商讨，南京国民政府下令将六座京城城门改名：聚宝门改中华门、海陵们改挹江门、仪凤门改兴中门、神策门改和平门、丰润门改玄武门、朝阳门改中山门。

中华人民共和国成立后，由于南京城市化进程的加速，城墙与城市发展矛盾更为突出，破墙开路曾一度呈增长趋势：1954年鸡鸣寺附近开解放门，1991年在三山门（今水西门）以南开集庆门，之后又陆续开标营门、华严岗门、长干门等。

南京明城墙自建成至今共计增开21门。但如今，现存的明代城门只有中华门、石城门、和平门和清凉门4门，清末以后新开的城门也只存玄武门、挹江门、解放门、新民门、中山门5门，以及近20多年新开的集庆门、标营门、华严岗门和长干门（表3-3，图3-5）。

表3-3　南京明城墙自建成至今新增城门一览表

时间		新增城门	位置	历史背景
清朝	1909年	草场门	明定淮门与清凉门之间，今北京西路的西端	清光绪三十四年（1908年），因交通运输的需要，在城西新开城门一座。因城门外临秦淮河码头存放马料之草场，故取名草场门。抗日战争前夕，该城门关闭，于1946年重新开启。20世纪50年代被拆，现仅留城门名
		小北门（又称四扇门，四扇便门）	明神策门与金川门之间，今钟阜桥西侧是其旧址	清光绪三十五年（1909年），因金川门通小火车，为便利城北交通开此门。民国时期，曾一度被误称为钟阜门。20世纪50年代拆除
	1910年	丰润门（今玄武门）	南京城北部东侧，神策与太平门之间	1910年，两江总督在南京筹办"南洋劝业会"，为方便游人游览玄武湖而建，当时为单孔券，1931年改筑三孔券，现已成为玄武湖公园的西大门
民国	1914年	海陵门	仪凤门与定淮门之间	此门的开辟，对南京下关街市的形成、促进当地经济的发展起到了重要作用。民国时期因拓宽改筑城门，原单孔海陵门被拆除
	1927—1929年	挹江门	海陵门原址	为迎奉孙中山先生灵榇通过南京城及南京城市建设所需，将海陵门改筑成三孔多跨连拱的复式券门。这是南京城门开筑三孔券门之始，具有纪念孙中山先生的意义。现已成为南京主城区的北大门
		中山门	明朝阳门原址以北	为迎奉孙中山先生灵榇通过南京城及城市建设所需，在明朝阳门以北筑成三孔多跨连拱的复式券门。这是南京城门开筑三孔券门之始，具有纪念孙中山先生的意义。现已成为沪宁高速公路进入南京主城区的东大门

续表 3-3

时间		新增城门	位置	历史背景
民国	1933 年	汉中门	明石城门的北侧，城西汉中路上	1931 年，因首都规划建设，以新街口向西，从汉中路出城，因此，在临近汉西门北约 30 m 处拆城建门，汉中门因路得名。20 世纪 50 年代，拆除该城门的顶券。1958 年被破坏。20 世纪 70 年代因辟虎踞路而拆除。现成为这一带包括汉西门在内的统称
		中华东门，中华西门	中华门瓮城东、西两侧	改善城南交通状况，以不破坏中华门内瓮城为前提，在中华门东、西两侧拆城开辟车道，增筑城门，是为中华东门和中华西门。20 世纪 50 年代被拆，近年重建
		新民门	金川门西侧，金川门与钟阜门之间	金川门改建成小火车通道后，为方便城北居民进出以及战备需要而建，为牌坊式城门保留至今
		武定门	城南部东垣，中华门以北，通济门以南，横跨长乐路	1933 年建，因城内有武定桥而得名。1958 年被拆。2007 年重建，改为三孔城门
	1934 年	中央门	中央路、中央北路、建宁路和龙蟠路四条干道的交汇处，和平门西侧	1933 年破墙开路以便利城北交通，后取名中央门。1957 年由于"阻碍"中央路的拓宽被拆除
	1936 年	雨花门	江宁路的雨花桥前	1936 年将南京城里过去从下关通到城南的"京市铁路"（俗称"小铁路"）向南延伸，与城外江宁铁路相连接，在城墙上开雨花门。20 世纪 50 年代，雨花门及东西两侧城墙被拆除。2009 年复建，为三拱城门
中华人民共和国成立后	1954 年	解放门	位于今"台城"与后湖城墙的连接处	为方便这段城墙内外的交通以及防空疏散的需要，同时曾筑"后湖小门"以通玄武湖。附近有武庙闸，将玄武湖之水引入珍珠河
	1971 年	兴中门	狮子山南麓，原明朝仪凤门遗址处	兴中门原名仪凤门，是明初南京建筑城墙时的 13 座城门之一，为单孔城门。1931 年，仪凤门改称兴中门，取义振兴中华。1971 年由于建宁路修建被拆。2006 年复建为三孔城门
	1991 年	集庆门（集庆通道）	水西门以南，明代三山门与聚宝门之间	为建设集庆路，拆除了该段约 48 m 的城墙，修建了集庆通道，名字取自元代南京的集庆路
	1996 年	标营门	后标营路的月牙湖西侧	开通后标营路建月牙湖大桥，将明城墙破出一个口子建新门
	2007 年	华严岗门	明城墙桃园段	因察哈尔路西延在明城墙缺口处改造新门
	2008 年至今	长干门，伏龟楼小门，富贵山小门，后半山园小门，热电厂小门等	—	—

3 主体遗产资源的历史脉络分析

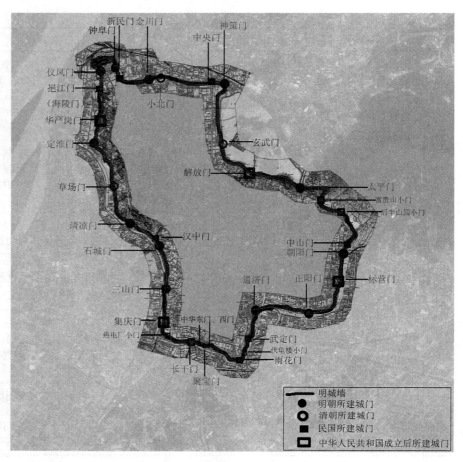

图 3-5　南京明城墙不同时期增建城门示意图

3）护城河水系的变迁

明初京城护城河水系主要由秦淮河、金川河以及大小湖泊组成。自明代以来，护城河不仅是重要的军事防御设施，而且也是南京城重要的水上交通要道。明朝后期及清朝，河道淤塞常有发生，一些官僚肆意侵占河道，任意开垦甚至在城门旁盖造房屋，朝廷及地方官府对护城河虽时常疏浚，却因屡遭侵占，致使河道狭窄。

民国特别是中华人民共和国成立后，护城河作为冷兵器时代重要城防设施的实用价值逐渐消失，原先的护城河在有些地段多有改变。民国三年（1914年）五月，因开海陵门（今挹江门）取城门旁八字山之土，垫成由城门口到码头江岸的道路，耗资1.2万银币填平了护城河小南河。1958年，对城内外金川河废老河、开新河后，原利用金川河为护城河的水源被割断。这些地段的护城河，仅存小河沟一类的遗迹，如神策门向西等地段。个别地段的护城河，因年久填塞被割断。原利用秦淮河地段的护城河、利用湖泊（如玄武湖、前湖、琵琶湖等）地段的护城河，相对保存较好。

3.2 南京明城墙的地理脉络

南京乃六朝古都，十朝都会。公元 221 年，诸葛亮与鲁肃策马察看南京地理形势，发现这里山脉围合地域，江河形成天险，评价道："钟山龙蟠，石城虎踞，真乃帝王之宅也"（许嵩，1986；朱偰，1936a；郭黎安，1999）。自然地理格局是古都起源的摇篮（姚亦锋，2009b），也是明城墙布局形制的重要环境要素。南京明城墙突破中国历代都城方方正正的传统，从军事防御需要出发，依山傍水、因形随势而建。城墙穿插在自然山水之间，逶迤起伏，各处宽窄不尽相同，最高处为 20 余 m，最低处近 10 m，最宽处为 10 m，最窄处为 3—4 m，是在传统筑城技术基础上有所创新并与南京自然地理要素完美结合的产物。

3.2.1 明城墙与自然地理格局

南京明城墙有其独特的地理属性，其与城市的自然山水地貌可谓唇齿相依，也正是由于天然山水环境的庇护，明城墙才得以较为完整地保存至今，成为世界上保存长度最长的古都城墙。地理环境中的河流、湖泊、山岭景观系统对形成南京古都城市格局有重要作用，对于明城墙的修筑和演变也有重要影响。探寻南京明城墙与城市地理格局的关系变迁，制定相应的保护规划是构建明城墙遗产廊道的重要依据。

1）南京明城墙与天然山脉

历史上南京有三条对于古都景观有重要影响的天然山脉：北支沿长江南岸向西延续，海拔 130—286 m。古代在该系列山岭多处建有战略城堡、烽火台，如白石垒、幕府、石头城等，其中最著名的军事要塞是石头城。中支由钟山延伸向西抵达长江边，海拔 32—486 m。古代顺应该系列山岭建设城墙、寺庙、山庄、园林等。南支绕城东南部，海拔 95—382 m，在古代是游览胜地。其中北支和中支山脉的汇集点是石头山，六朝时期长江直抵石头城下，支流秦淮河入江口也在附近，石头城战略地位极其重要。唐朝以后在石头城下逐渐沉积形成河西平原（姚亦锋，2007）（图 3-6）。

明城墙的建筑将当时南京城众多山体纳入城内，城沿山脚而建，依山

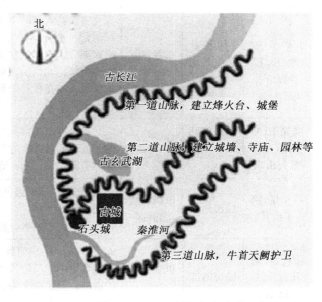

图 3-6 南京地理山脉形式与古城关系示意图

随势，蜿蜒曲折，一言以蔽之，即"国朝都城皆据冈陇之脊"[①]。当时，南京城墙有一种砌筑方式为包山墙，即利用山体为墙基，外面包砌城砖、条石或混筑包砌，如清凉门左右一段，城墙壁因水冲刷凹凸不平，有似"鬼脸"，清代以来此段城墙被称"鬼脸城"。对南京明城墙的形制有重要影响的山脉具体如下文所述（表3-4，图3-7）：

（1）钟山

钟山，又名紫金山，所谓钟山龙蟠即指此山，位于南京市东北郊，属宁镇山脉西端，历来都被视作南京地区的群山之首。古称金陵山；汉代始称钟山；三国东吴时改名蒋山；东晋时以紫色山岩在朝阳或夕阳下紫气生光，又名紫金山；南朝时称北山；唐宋时又恢复钟山之名；明代因朱元璋葬于此，一度改称神烈山；清代以后复称钟山。山体东西蜿蜒约7.4 km，南北宽约为3 km，周长约为20 km。山形如钟，三座山峰呈笔架形排列：主峰称北高峰或头陀岭，海拔468 m，为南京最高峰；东南为第二峰小茅山，海拔360 m，中山陵在其南麓；西南为第三峰天堡山，海拔250 m。钟山东、南两坡水流入秦淮河；西坡水流入玄武湖，

[①] 万历《应天府志》卷十五《山川志》。

表3-4　南京与明城墙相关山脉景观现状调查

名称	位置	风景名胜等级	景观资源	现状分析
钟山系列山系	城市东部	国家级风景名胜区	人文资源：世界文化遗产1处，国家级文物、省级文物、市区级文物众多。景区内明城墙保存较好。 自然资源：钟山及余脉山峦、紫霞湖等湖泊、木本植物113科600多种；动物以禽鸟类较为丰富	相对比较完整，自然山体基本保存
九华山（覆舟山），富贵山	钟山余脉西走入城的山丘	市级风景名胜区	人文资源：六朝时皇家园林"乐游苑"所在，隋朝时建"小九华寺"，民国建三藏塔，2003年成立玄奘寺。有"水村山郭酒旗风"的遗韵。 自然资源：北临明城墙与玄武湖，视野开阔，风景优美，站在覆舟山顶是观赏玄武湖全貌和紫金山的最佳场地	自然山体尚存，为城市交通开富贵山隧道
鸡笼山，北极阁，鼓楼系列山系	由东部延伸进入城市中心	—	人文资源：六朝宫苑遗址地，梵刹林立，有著名的"南朝四百八十寺"的辉煌历史。 自然资源：山、水、寺、林交融，著名历史地貌	自然山体尚存，侵占单位多，景观不连续
石头城，狮子山系	城市西部	市级风景名胜区	人文资源：国家级文物、省级文物、市级文物多处。 自然资源：山、水、城、林交融，著名历史地貌	景点之间被破碎分割，与城市发展冲突大
雨花台，菊花台丘陵山系	城市南部	市级风景名胜区	人文资源：中华门外一片山岗起伏的丘陵地带，雨花台是中华门轴线的南端对景，也是古城轴线的南端。国家级文物、省级文物、市级文物多处。 自然资源：著名的雨花石	自然地貌形态多被人工改造，著名纪念性园林

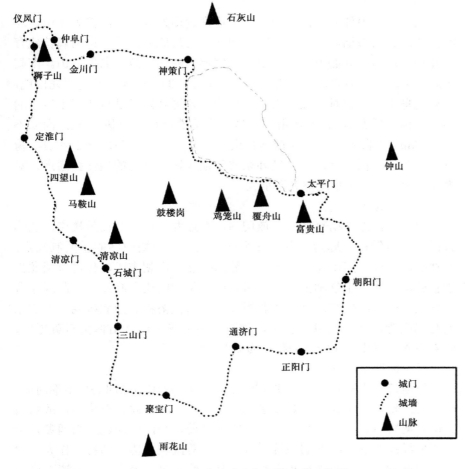

图 3-7 明初南京明城墙与天然山脉形势图

汇入金川河;北坡水汇聚成溪独流入江。钟山的余脉从太平门附近延伸入城,自东向西形成了富贵山、九华山、鸡笼山、鼓楼岗、五台山、清凉山等一系列低矮的山丘。这些山虽高度有限,但却是南京市区的重要分水岭。其南之水属秦淮河流域,北则属金川河流域。明城墙沿钟山西麓、玄武湖西岸将城墙向北筑,即"东尽钟山之南冈"。朝阳门为都城的东门,其外即为钟山,是前往明孝陵的必经之路。

(2) 富贵山

富贵山,古名龙尾坡,又名龙广山。位于太平门内东侧,是钟山余脉向西延伸入城所形成的山丘。富贵山为紫金山龙头,也是自然山体比较靠近历史城市的部分。在明代,它是宫殿轴线出城北延的终点,形成椅背之势。山体由石英砂砾岩构造而成,海拔 83.5 m,面积不足 0.3 km^2。明代城墙自山的东南角,游龙般地由南向北,再折向西蜿蜒,将山体与钟山西麓阻断,此处俗称"龙脖子"。山体外侧为龙脖子段城墙。

（3）九华山

九华山，地处太平门内西侧，东连富贵山龙脖子，西接鸡笼山，北临玄武湖和明城墙，为钟山余脉延伸入城而形成的山丘。山南麓曾建有小九华寺，山因寺而得名。因山形似倒翻的船体，故又名覆舟山。南朝宋时，又因山在城北，改名玄武山。陈太建年间，因湖上常有黑龙出现，又称龙舟山。六朝时，九华山是都城的重要屏障，又是封建帝王游乐的场所，称"乐游苑"。山体由石英砂砾岩构造而成，海拔 61 m，面积不足 0.3 km²。"自钟山之麓西抵覆舟山"所开辟的太平门，处于富贵、覆舟两山之间的冈垄上，是由城外东北部地区通向城内的最便捷通道，对扼守钟山、控制南京北部关系重大。

（4）鸡笼山

鸡笼山，地处南京城中解放门内，东连九华山，西接鼓楼岗，北临玄武湖，是钟山余脉延伸入城而形成的山丘，为城中部的重要制高点。春秋战国之际，因山体浑圆形似鸡笼而得名。南朝宋时，传说有黑龙见于玄武湖，此山正临湖上，遂改名龙山。又因明代在此设钦天监观象台而称钦天山。清代在山上重建北极阁，此后便俗称其为北极阁。山的东麓有鸡鸣寺，人们又以寺代山，称鸡笼山为鸡鸣山。山体由石英砾岩、砂岩构成，海拔 60.6 m，面积约为 0.3 km²。

（5）清凉山

清凉山，古称石头山，地处城西草场门与汉中门之间的外秦淮河边。战国时，楚国曾于此建置金陵邑。三国时，东吴在此筑石头城，故名石头山。南唐时曾建避暑宫于山上。宋朝以前，长江曾逼近此山西麓，山的西坡经江水的不断冲刷而近乎直立，地势险峻，历代都将其作为拱卫南京的屏障，因而有"石头虎踞"之称。北宋时，因幕府山的清凉广慧寺移建于此，始名清凉山。山势略呈圆形，周围有大小山丘 10 余座，向北、西两面分散。山体由赭红色砾岩和暗红色细砂岩构成，顶部覆有黄土，海拔 63.7 m。此山为南京西面城防重要的山脉，所谓西阻石头，城墙的西面门户清凉门即位于此山西麓。由于地处偏僻，除镝楼不在，城门得以基本保存至今。山体外侧为清凉门段城墙。

（6）狮子山

狮子山，地处南京城西北的兴中门内，是幕府山余脉延伸入城所形成的山丘，濒临长江。东晋元帝见其绵延远接石头，貌似今河北省长城线上的卢龙塞，遂称此山为卢龙山。明太祖朱元璋在卢龙山大败陈友谅，为明王朝建都南京奠定了基础。朱元璋因其形似狻猊，将其改名为狮子山。山体由石英岩、白云岩构成，海拔 77 m。该山西控长江，有建瓴之势，不但是今日军事要冲，也是古代扼守南京的重要屏障，为古今兵家必争之地。朱元璋建城墙时，考虑到原有南部城垣旧址的西北部有狮子、马鞍、四望诸山分布，而这些山紧临长江，为南京城西北部的制高点，对于城防极其重要，因此将其囊括至城内，即"括狮子山于内雉堞"，形成天然屏障。山体外侧为仪凤门及狮子山段城墙。

（7）四望山

四望山，南京地方志有载此山："吴大帝尝与仙者葛元（玄）共登涉之，山势崒绝，足供远眺，故名四望也。"1929年，为迎接孙中山先生的灵柩从中山北路经过，当时的南京国民政府用石头在山腰垒出"忠、孝、仁、爱、信、义、和、平"八个大字，从此改称此山为"八字山"。四望山位于南京挹江门内，中山北路南侧入挹江门右折，沿城垣迂回便可登上海拔43 m的四望山，极目四眺，城内外美景尽收眼底。山体外侧为今挹江门段城墙。

明朝京城城垣将城内上述众多山体纳入城中，洪武二十三年（1390年），朱元璋又另建外郭城，以京城为中心，进一步将城东的钟山、城北的幕府山以及城南的雨花台等制高点括入外郭城内。

600多年以来，南京城墙经历过多次战乱浩劫、自然景观的演变和城市发展的冲击，特别是现代城市发展支离破碎地分解了历史上被看成是凝聚"金陵王气"的地理格局，连绵的山脉已经被龙蟠路、鼓楼、上海路、虎踞路等切断和分解。但顺应山川地貌的都城格局以及残缺的城墙遗迹依然历历在目。对这些山川地貌景观格局的调研和保护是保护明城墙历史遗产的重要历史环境。

2）城墙与天然水系

历史上南京市内水道纵横交错。古代河流是城市边界，也是交通、商贸、文化繁荣的重要枢纽。在自然河流水系方面，两条自然河流对于南京古都景观结构和明城墙有重要影响：长江为北部天险，在南京市区内形成秦淮河和金川河两条支流，分别位于南京市区南部和北部。钟山与其西面延伸进入南京市内的余脉形成南京市内重要的分水岭。山丘以南属于秦淮河流域，形成青溪、燕雀湖等河湖景观，并且在沿河形成冲积平原。山丘以北属于金川河流域，形成玄武湖等湖泊及冲积平原景观（图3-8）。

南京明城墙的南部及东、西两面偏南段沿外秦淮河的流向修筑，基本与外秦淮河呈平行走向，随后的东面城墙以残存的燕雀湖为天然护城河，此段城墙北行后又沿玄武湖的南岸与西岸与湖岸平行而建。这些水体直接决定了城墙的走向和形态，并且成为城墙既有护城河，明13座城门的建设也与水体密切相关（图3-9）。

图3-8 南京城市南北水系分布图

3 主体遗产资源的历史脉络分析 | 029

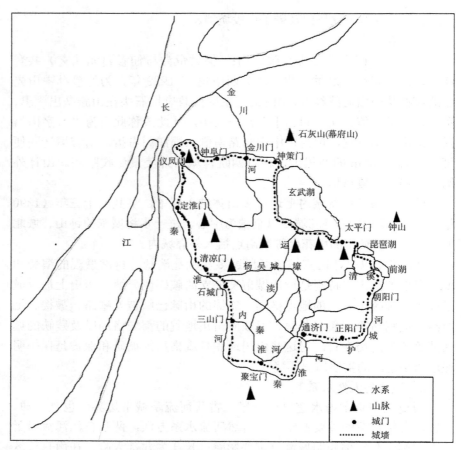

图 3-9　明初南京京城城墙与水系形势图

(1) 秦淮河

秦淮河古名龙藏浦，三国东吴称其为小江，汉代起称淮水。相传秦始皇东巡过金陵时，下令凿断方山和石硊山一带的连岗，导龙藏浦北入长江。到唐代，根据这一传说，改称秦淮河。秦淮河从源头到入江口，全长约 110 km，流域面积为 2 631 km²。它滋养哺育着南京这方土地及生活于此的人民，所以一直被称为南京的母亲河。秦淮河干流在南京城区武定门外分成两汊：一汊称为外秦淮河，绕城南经聚宝门、三山门，由三汊河注入长江；另一汊称为内秦淮河，由通济门东水关入城。内秦淮河在淮清桥分为南北两支：南支经夫子庙文德桥、镇淮桥折向西北至下浮桥，由三山门西水关出城汇入干流，即历史上盛称的"十里秦淮"；北支即古运渎，经内桥、笠桥、文津桥、张公桥出涵洞口汇入干流。秦淮河在南京城内原有青溪、运渎、杨吴城壕、明御河等支流汇入，今只剩下断续的残存河段。

(2) 玄武湖

玄武湖，古称桑泊，又名后湖，晋称北湖。据称因南朝宋时湖中出现"黑龙"，黑色为玄，北方为玄武，遂称玄武湖。南朝宋孝武帝因在湖中检阅水师，又改湖名为昆明湖。另外，练湖、蒋陵湖、秣陵湖、元武湖、真武湖、习武湖、饮马塘、放生池等，均为其别称。北宋以前，湖面浩瀚辽阔，与今日玄武湖景观不可同日而语。六朝时期东面的白马公园、北面的红山公园、西面的西家大塘以及山西路的西流湾都属于玄武湖，是封建帝王的游乐之地，遍布皇家园林。北宋熙宁八年（1075年），王安石奏请废湖为田。从元末两次疏浚后湖河道，到明初"开衍为湖"，玄武湖才逐渐恢复，但面积比六朝时已大为缩小。明朝时为黄册库，系皇家禁地。现湖面东依钟山，西临城墙，北近南京站，南临鸡笼山和九华山，周长为15 km，面积为4.4 km²。湖底平坦，平均水深1.5 m，最深处不足2 m。湖内分布有五座用疏浚后的湖泥堆积成的人工岛，分别称梁洲、樱洲、环洲、翠洲、菱洲，其成形始于南朝宋时堆筑的"三神山"。湖中主要接纳钟山北坡和西坡来水，北接十里长沟和护城河，与金川河相连；又向西经大树根闸与金川河沟通，枯水时可利用金川河引江水入湖。

（3）燕雀湖

燕雀湖又称前湖，为钟山汇水，属秦淮河水系，现位于南京中山门外北侧。燕雀湖与玄武湖是南京古代的两大湖泊，两湖以钟山为界。玄武湖在钟山西，称后湖；燕雀湖在钟山南，称前湖。燕雀湖还被称为白荡湖，南朝梁时期，始称燕雀湖或太子湖。历史上的燕雀湖颇负盛名，面积很大，六朝时为贵族聚集居住地。明朝时因朱元璋在城东修建宫城而大部分被填塞，现只剩钟山下一塘。

（4）金川河

金川河，南京主城区内独流入江的河流，明城墙建金川门于此而得名，城墙分金川河于内外，水面逐渐缩小，但其位置与现今河道无大出入。明初，金川河作为京城运输航道，有小型运粮船只进城，河道东达狮子桥，南至阴阳营，西抵古平岗。该河集五台山与鼓楼岗来水为源，东承玄武湖所汇钟山西坡来水，流经城北地区，绕狮子山出城与护城河相连，在下关入长江，全长9.59 km，流域面积为12 km²，是城内仅次于秦淮河的又一条重要河流。在鼓楼岗以北的沿河两岸冲积形成河谷平原，其南界大致为大方巷、萨家湾、兴中门一线，北界在许府巷、紫竹林、四平路一线。平原范围狭小，地势低平，海拔6—10 m，在南北两侧向黄土岗过渡。

如今，从卫星图上我们仍能较清晰地看到城墙护城河的走向，但历史上许多重要的河流水系已被现代城市建设填埋或侵占，水系网络断断续续，河道大大缩短、变窄，甚至消失。沿河两岸目前多被建筑占据，河水污染严重。保护与城墙遗产相关的重要水系格局，也是遗产保护的重要内容（表3-5）。

文化遗产是自然与人类的共同结晶。自然结构构成文化遗产的经济结构与社会结构基础，历史上形成的任何文化景观都离不开自然环境的基础性作用。如今的南京城市是古都各个历史阶段时空发展的延续和积

表 3-5　南京与明城墙相关水系景观资源的现状调研

水系名称		位置	历史成因	历史景观	现状景观
秦淮河水系	外秦淮河	城市南郊	有二源，北出溧水东庐山、东出句容宝华山，于方山南麓汇合	沿河新石器原始村落。六朝时期临水建有军事堡垒，明朝为护城河	长约10 km，自然和整形驳岸，经治理后水体质量尚可
	内秦淮河	城市南部	与外秦淮河同源	商贸、歌舞汇集地，古称"十里秦淮"	长约5 km，整形驳岸，治理后水质有所改善
	燕雀湖	城市东部	钟山汇水	沿岸风景优雅，贵族别墅聚集	明朝填满大部，现剩钟山下一塘，称前湖
金川河水系	金川河	城市西北部	源自清凉山、五台山，接通玄武湖和长江	新石器原始村落。明朝通长江交通水道，沿岸有郑和宝船厂	长约3 km，上游已经填塞，仅剩下游，水体污染较严重
	玄武湖	城市东部	古时与长江相通，后独立成湖，东接钟山西坡、北坡之来水，于金川河相连	东晋时曾是操练水军之地，六朝至南唐时遍布皇家园林，明朝是禁地，建"黄册库"	玄武湖公园为国家级钟山风景名胜区的重要组成部分，有五洲相连，古城墙保存较好

淀。各个历史时期，自然景观系统与城市景观系统相互作用，交织形成古都特色的城市格局和尺度。但随着现代化城市进程的加快，城市基础设施建设以及城市用地条件的制约，各建筑单体占据着自然脉络和自然斑块，使得历史古迹缺乏了空间尺度的关联性而被断开。尤其是最近20多年以来，南京城市建设以历史上从没有的大规模和高强度，过分强调使用的功能性和实用性，使各种历史古迹逐渐孤立，原有的自然山脉和河流脉络系统正面临破碎化甚至消失。

3.2.2　明城墙与城市交通

城墙在古代除了具有军事防御功能外，还具有重要的围合与交通功能。其通过封闭式围合，有效隔断城市内外，甚至是城区之间的交通，并依靠城门为节点进行有效的流通控制。

然而，随着城市交通需求的增大，城墙严重阻碍了城墙内外的交通以及城市经济的发展。特别是改革开放后，随着城市化的高速发展，南京明城墙的保护与城市建设的矛盾一直存在，尤其体现在城墙与城市交通问题上。20世纪六七十年代中期，南京明城墙多处因防空需要被掏作防空洞，如现中山门以北地段等仍存在防空洞及在高处城墙上开设的透气风口。20世纪70年代后，随着城市规模的扩张，城墙与城市交通的矛盾日益凸显，破墙开洞呈增长趋势，如集庆通道，以及因遭质疑而停工"深思"的察哈尔路西延、紫竹林、芦席营、鸣羊街开墙破洞计划等。围绕明城墙"围"与"穿"的问题，一直以来就是南京作为现代化大都市与历史文化城市在保持历史延续性和城市化进程的重要课题。纵观南京明城墙随着城市交通而发生的动态变化，笔者将其一并列出（表3-6）。

表 3-6　南京明城墙建成至今呼应城市交通的动态变化列表

时间		城墙与城市交通	城门变化情况	因交通而增减的城门数（座）	城门（门洞）总数（座）	备注
明朝	明初	南京为都城，广通贸易，形成以南京为中心对外辐射的全国驿道网	开拓13门	—	13	—
	明末	南京为留都，城市对外交通需求减少，城门部分封闭	封闭仪凤门、钟阜门、金川门	—	10	一方面交通需求减少；另一方面西边临江、北边荒凉，难以把守
清朝	清初	南京由都城级降为州府级，对外交通需求减少，城门部分封闭	继续封闭神策门、清凉门	—	8	
	清末	随着"宁省铁路"入城，近代交通促使打通城墙、新增城门	复开明朝城门，开筑南北主干道，并引铁路入城，增筑草场门、丰润门（今玄武门）、小北门以呼应交通	3	16	1895年，两江总督张之洞开筑贯通南京城区南北的主干道"江宁马路"。1909年，开通"宁省铁路"，标志着南京近代交通的开始
民国		为方便城墙内外交通，打通城墙而新增城门数	增海陵门、挹江门、中华东门、西门、中央门、汉中门、雨花门、中山门、武定门、新民门；拆朝阳门	8	24	—
20世纪50年代		为方便城墙内外的交通及防空疏散的需要打通城墙	新增解放门，拆除破坏明朝城门共7座，拆清朝至民国新建城门共7座	1	11	一方面，1954年城墙被有计划地拆作基建用砖；另一方面，1958年"大跃进"引起拆墙大潮
20世纪六七十年代		"文化大革命"时期，城市发展处于失控状态，城墙多被掏作防空洞	三山门被拆，仪凤门因修建宁路被拆，城墙多处被掏作防空洞及开设透气风口，为方便通行局部开小门	-2	9	文物保护管理相关规定出台，城墙作为文物的意识逐渐形成
20世纪90年代		城市快速发展，城市交通穿越城墙	破墙开路呈增长趋势，增集庆门、标营门	2	11	改革开放后，相关法律法规出台，城墙作为遗产保护的意识逐渐加强。修建明汉西门瓮城，保存于汉中门市民广场
21世纪初		城市化进程加速，城市交通	复建、修建仪凤门，中华东门、西门、武定门，雨花门；新增华严岗门，长干门，富贵山小门，后半山园小门，热电厂小门，伏龟楼小门	10	21	寻求遗产保护与城市发展矛盾的解决办法

由表 3-6 我们可以看出，城墙的打通虽不可一概而论，有处理较成功的案例，如玄武门、解放门的开通既保留了历史信息，又使得自然景观获得更好的可达性；挹江门、中山门、集庆门（通道）使得交通发展与城墙保护得到有效结合；清凉门大街至广州路段使清凉门成为路侧景观，取得遗产保护与交通的协调等。但是，为了改善交通，文化遗产蒙受创伤的案例也不在少数，不少道路在修建过程中割裂了遗产的完整性或者完全覆盖遗址，使得历史信息遗憾流失；还有为了成全城市交通的畅通，城墙的真实性、完整性和延续性都受到很大破坏的案例。因此，为促进明城墙保护与城市交通的协调发展，从景观层面的文化遗产整体保护的观念入手，应充分认识南京诸城门和相关道路的关系和价值，对与城墙历史密切相关的传统街巷、交通线等具有文化性的景观线路加以保护和整理。考虑在城门与道路的价值评价分级的基础上，严格保护重要历史道路和保护较好的城门节点所形成的道路网，基本不将其作为城市交通发展的线路。现在或将来可以拓展或延伸的道路，从历史上不重要的、价值等级最低的开始选择。

3.2.3 明城墙与城市开放空间

随着城市不断的演变扩张，作为边界围合体系的明城墙以及其依托的自然要素逐渐转变为现代意义的开放空间。这些承载重要历史内涵的景观元素以及自然生态系统在南京城市建设中成为重要的人文历史景观和绿地系统骨架，并成为市民的休闲游憩和中外游客旅游观光的重要载体。

1）民国时期

1912 年元旦，孙中山先生在两江总督署成立中华民国临时政府，1927 年国民政府正式建都南京。1928 年，南京国民政府聘请美国著名建筑师墨菲为建筑顾问，由清华留美学生吕彦直为其助手，成立首都建设委员会。1929 年，南京国民政府公布《首都计划》，这是中国最早具有现代意义的较为系统的城市规划。《首都计划》认为，南京周边风景极佳，"……其界内中部，筑有城垣。近代战具日精，（南京）城垣已失防御之作用，利用之以为环城大道，实最适宜"。《首都计划》拟出两条城区林荫大道，其一沿秦淮河而筑；其二"沿城墙内边而筑"，为环城大道的支线。该计划还提出南京现有公园不足，通过林荫大道以联系各处公园；并建议结合已有的古迹名胜，如雨花台、莫愁湖、清凉山等，新建公园；将城墙作为通行机动车辆的环城大道和供市民俯瞰城市风光的观光路，并结合地形变化修建公园（民国国都设计技术专员办事处，2006）。

《首都计划》颁布后的 10 余年，南京国民政府改造、新建了一批完全开放的近代公园，如玄武湖公园、莫愁湖公园、第一公园（现已不存在）、鼓楼公园、白鹭洲公园、秦淮小公园和孙中山陵园等，并修建了一些供人们游憩的林荫路。该计划中虽然关于明城墙作为机动车道的设想并不可行，但是其保存明城墙并结合开放空间进行规划的思想却很有可取之处，且对以后的规划产生影响。

1937—1949年，抗日战争和解放战争使南京明城墙饱受战火侵袭，破坏严重，留下诸多隐患。这段时间，城墙周边常是军队驻地、集中营以及贫民窟，对城墙的维修目的仅仅是军事城防的需要。

2）中华人民共和国成立初期至改革开放

中华人民共和国成立后，1952年江苏省政府迁至南京，南京迅速由原来的消费型城市演变为生产型城市。由于之前的战乱，沿明城墙可游览的公园仅玄武湖公园的梁洲部分、白鹭洲公园和莫愁湖公园的一小部分。南京园林部门在此基础上对临近城墙的玄武湖、莫愁湖、白鹭洲的主要景点进行修缮，并且结合疏浚，扩大玄武湖、莫愁湖、白鹭洲的陆地面积，于1953年新建绣球公园，结合护城河修建了部分滨河绿带，同时期对清凉山封山造林，并于20世纪50年代末创建初具规模的清凉山文化园。

"文化大革命"期间，由于历史的原因，在战争中得以侥幸保存下来的城墙遭受了人为无情的拆除和损坏，公园和园林也遭受破坏，一些名胜和自然山体被工厂、军队和市政机构占用，城墙保护处于失控状态。当时，在城墙顶部搭建违章建筑和在墙基挖防空洞盛行一时。这些对城墙本体和周边环境都造成了难以弥补的损害。

3）改革开放至今

1982年和1988年，明城墙先后被列为省级和国家级文物保护单位。1998年南京市规划局编制完成《南京明城墙风光带规划》，对明城墙现存段落及周边环境进行了有效保护和控制：2000年以前主要实施对城墙本体的保护和修缮，2000年以后对周边环境进行整治，重新改造、修建了部分历史景区，如玄武湖公园、莫愁湖公园、白鹭洲公园、鸡鸣寺等；同时，兴建了一批新的开放空间，如月牙湖公园、中山门绿地、小桃园、古林公园、鬼脸城、国防园、汉中门市民广场、清凉山公园、狮子山公园、九华山公园、中华门城堡等。

这些沿城墙的开放空间，其风貌特征始终得益于周边的历史名胜和原有的山水格局，但是在城市建设过程中，其形态不断演变：有的是以历史名胜或者历史事件发生地为主题，表现出强烈的历史感，如九华山、鸡鸣寺、狮子山、中华门城堡、汉中门市民广场等；有的是随着城墙等历史遗迹的消失，只有局部维持着较好的传统景观风貌，如莫愁湖公园、白鹭洲公园等；有的前身为棚户区或农田，采用现代景观设计手法新建，如月牙湖、中山门绿地、小桃园、南湖公园等；有的是在城市原有山水格局的基础上创造近自然的开放空间，如玄武湖公园、清凉山公园、前湖、琵琶湖等。笔者以南京现存的七个明城墙段落作为城墙周边开放空间景点分布的依据，将各开放空间景点整理如表3-7所示。

表 3-7　南京市沿明城墙开放空间景观调研

分布范围	开放空间	风貌特征	建成（改建）年代	景观资源及概况
中华门—东水关	白鹭洲公园	历史风貌景观	始于明朝，1929年建公园	曾是明开国元勋徐达的别墅园遗址，现以山水文化休闲为主题
	中华门城堡	历史风貌特征	1980年	明聚宝门瓮城，全国现存最大的瓮城城门，全国重点文物保护单位
	武定门公园	现代景观特征	2001年	沿明城墙修建，公园以广场、绿化、仿古建筑为主
	东水关城墙遗址公园	历史风貌特征	2005年	朱元璋为调节秦淮河水位，拓建东水关于此，是秦淮河流入南京城的入口，也是古城墙唯一的船闸入口
	西干长巷公园	现代景观特征	—	原太白遗址公园和老长干巷改造的中华门以东滨河绿地
后标营南—太平门	钟山风景名胜区	近自然景观特征	六朝至今	南京城东北面主要山脉，著名的自然历史地貌景观，国家首批5A级风景名胜区，有世界文化遗产
	中山门绿地	现代景观特征	20世纪90年代	以辟邪为主题形象
	白马公园	现代景观特征	2000年	属钟山风景名胜区，主题为"石刻"，集中展示了一大批原散落于南京四周的珍贵石刻文物
	月牙湖公园	现代景观特征	2004年	滨河公园
	前湖	近自然景观特征	2005年	属钟山风景名胜区，自然的城市休闲空间
	琵琶湖	近自然景观特征	2006年	属钟山风景名胜区，以亲水城墙为特色
九华山—台城	九华山公园	近自然风貌特征	20世纪90年代	曾为六朝皇家御园，因小九华寺而得名，现为"城市山林"
	玄武湖—台城—解放门	历史风貌特征	20世纪90年代	朱元璋曾废弃的一段城墙。由于距离六朝时代的皇宫建康宫不远，史学家把这段南京城墙称为台城。内有南京明城垣史博物馆
解放门—神策门	鸡鸣寺	历史风貌特征	始于西晋，20世纪80年代重建	始建于西晋，是南京最古老的梵刹之一，自古有"南朝第一寺""南朝四百八十寺"之首寺的美誉
	玄武湖公园	近自然景观特征	1911年	以城墙为背景的水空间，国家级钟山风景名胜区的组成部分，与紫金山形成山水相依的空间
	北极阁广场	现代景观特征	2002年	以北极阁山体为主要历史景观，体现六朝文化，具有休闲、娱乐、观赏、购物的综合功能
	神策门公园	历史风貌特征	2004年	为南京城门中保存最完整的明城门，有城楼（清末建筑）和外瓮城，体现了朱元璋因地制宜的筑城原则

续表 3-7

分布范围	开放空间	风貌特征	建成（改建）年代	景观资源及概况
中央门西—定淮门	绣球公园	历史风貌特征	1953 年	因有绣球山而得名，为狮子山余脉，与之形成"狮子盘绣球"之势
	狮子山公园	历史风貌特征	2001 年	以阅江楼为主要标志，拥有众多的人文景观和历史遗迹，可一览万里长江、远眺古城风貌
	挹江门小桃园广场	现代景观特征	2003 年	展现古城文化遗风
	八字山公园	历史风貌特征	2004 年	1928 年南京国民政府改建挹江门时，在城门内侧四望山东坡山体上用花岗石砌筑"忠、孝、仁、爱、信、义、和、平"八个直径 10 余 m 的大字
石头城—汉西门	乌龙潭公园	历史风貌特征	1982 年	因传说有乌龙出现，由此而得名。今公园内有龟鳖自然博物馆
	国防园	现代景观特征	1992 年	将古代战场和现代国防教育融为一体，著名的国防教育和爱国主义教育场所
	汉中门市民广场	历史风貌特征	1997 年	建筑在明石城门瓮城遗址上，内有保留下来的明石城门，为全国重点文物保护单位，现为市民广场
	石头城遗址公园（鬼脸城）	历史风貌特征	2003 年	在石头城的旧址上兴建，以"石城怀古"为主题，将石头城的悠久历史与自然山水有机结合。园内古城墙因长年风化，酷似一副狰狞的鬼脸，被称为"鬼脸城"。省级重点文物保护单位
西水关—中山南路	水西门广场	历史风貌特征	1999 年	东广场为明时水西门瓮城所在地，西广场位于明初西水关遗址上方，为南京明城墙西端的水闸所在地
	集庆门广场	历史风貌特征	2002 年	保存完整的城墙景观
	莫愁湖公园	历史风貌特征	1928 年	六朝胜迹，有着悠久历史和丰富人文资源的江南古典名园

　　开放空间的形态演变反映出人与自然的关系，以及人对公共空间的需求。民国早期，在明城墙围合的范围内，空地仍占 1/3 左右，沿城墙的开放空间主要由自然景观组成，受人工干扰较少，能较好地满足人们对开放空间的需求。战乱和社会动荡期间，开放空间受损严重，人们对此也无暇顾及。而改革开放后，城市化进程加速，开放空间被挤压的同时，其边界也日益明确，城市开放空间破碎化问题突出。此时，《南京明城墙风光带规划》的出台和实施，是呼应时代和城市发展的需求，虽在一定程度上改变了原有的风貌，但是为市民提供了广受欢迎的活动场所，也为遗产的保护拓展了空间，对南京古都景观风貌的延续发挥了巨大作用。

3.3　南京明城墙的文化脉络

面对一块块巨型条石和无数质地优良的城砖，我们看到的是明代开国的强盛国力，但同时，我们也看到了古时劳动者艰苦劳作的情景，他们的怨声载道和战战兢兢的绝望似乎跃然于眼前。那斑驳的墙体和残缺的身躯无声地诉说着明城墙在战争时代所经历的炮火摧残，在动荡年代所经历的无情拆除，当然也留下了无数佳话。历史留给了北京一座故宫，留给了南京一座城墙，北京的城墙成了城市发展新秩序的牺牲品，而南京明城墙有幸得以保存至今尤显珍贵。它承载着历史的沧桑巨变，记录着生活的岁月流年，它带给我们的不只是视觉的、物质的，更是精神的、文化的体验。

3.3.1　重要历史事件

历史事件一般是指作为史实记载下来的事件，有较准确的年代、地点和人物，有较高的可信度和真实性。历史信息传递给人们一种真实的影像，历史的真实性更能体现城墙的存在价值。南京明城墙所经历的重大历史事件前文已有列表阐述，这里仅做部分文字性补充。

明城墙的修筑是如此浩大的工程，在当时可以说是举全国之力。据统计，明城墙共耗砖上亿块，系由近 200 个府、州、县烧制提供，95%以上有铭文，砖上印有地名、年月，以及从府县级官吏到乡村级的甲首再到窑匠和造砖人的姓名，最多达 11 级。征收的城砖都有严格的尺寸和重量，若有质量差错则可立刻追查到责任人，有杀头之罪。当时南京参与城墙修建的，就有征调各地民夫至少百万人以上，在南京的约有 20 万名军人，近 10 万名工匠，以及服役的数万名罪囚。由于生存状况恶劣，筑城伤亡人数众多。明初南京大旱，大臣刘伯温上疏，认为原因有三，其中一条就是"工役人死，暴露尸体不收"。因为不堪忍受，明洪武六年（1373 年）和明洪武八年（1375 年），南京和凤阳先后发生工匠造反事件。从明洪武九年（1376 年）起，工匠待遇开始改善，朱元璋下令，凡工匠死亡都发棺材，让国子生送回家乡安葬，免其家徭役三年，还亲自撰文遣官前往龙光山（今富贵山）祭之，并给现役工匠发放赏钞。从明洪武十七年（1384 年）起，筑城不再征调民夫，而由军队承担，工匠实行轮班制，每三年来京服役。明洪武二十八年（1395 年），取消囚犯罚役死后家人补役的制度。

明城墙作为坚固的城防，到底有多少人来防守呢？《南京城墙志》中做了统计：明初守卫一座城门的千户所应统领 1 120 人，仅京城 13 座城门的守卫者就达 14 560 人。另外，京城城墙的 13 616 座垛口每处都站 1 名士兵。明洪武二十九年（1396 年），在京总兵力达 22.2 万余人，可谓城坚兵足。明迁都后，南京守备兵力骤减近半，到明中晚期仅为两三万人。由于人手不足及其他因素，钟阜门、仪凤门和金川门先后被封堵，以减少守御兵力。

明太祖朱元璋殚精竭虑，明城墙固若金汤，然而，可悲的是它曾不攻自破。1402年，发动"靖难之役"的燕王朱棣兵临城下，守卫北面金川门的李景隆开门迎接，史称金川门之变。朱棣经过三年战争，终于从侄儿建文帝手中夺取皇位，成为坐拥天下的明成祖。皇族的内战使朱元璋的苦心经营全盘改写，南京渐渐失去其都城的地位。1421年，明成祖迁都北京。

南京明城墙作为军事防御工事，真正历经冷兵器与火器并用时代战火的检验是在清代。1853年3月初，太平军顺江东下，兵指南京。为防御太平军攻城，清军一律用土袋堵塞城门，在城墙垛口上分派部队把守，设立炮位270处。3月9日黎明，太平军占领城南雨花台战略要地，攻打聚宝门。两江总督陆建瀛、江宁将军祥厚等率军登城，闭门坚守。太平军直逼城下，但无法攻入，便在报恩寺塔第三层放置大炮，从高处往城中开炮猛轰，清军亦开炮回击。太平军中有一支由湖南煤矿工人组成的"土营"，经常采用先挖地道再爆破城墙的技术攻城。清军称："地道之计殊恶，攻城诸法，究从此事为至可恨"（张德坚，1954）。3月12日，太平军主力到达南京，祥厚急令增兵防守，并在狮子山上安放8 000斤巨炮轰击。太平军则在静海寺旁城墙下偷挖地道埋地雷至仪凤门。清军有所察觉，遂采用"地听"之法，即在城内洼地埋大缸，上覆薄牛皮，让盲人伏其上，听城外挖掘地道的方向。然而仪凤门依山而造，城内外落差2丈（1丈=10/3 m）有余，因此"地听"无效。3月18日，地道挖成，太平军突然集中炮火猛烈轰击仪凤门地段。3月19日凌晨，地雷爆炸，在挹江门南，距中洞152 m城墙转角处太平军炸开27.5 m的豁口后冲进城内。太平军又相继从聚宝门、水西门、汉西门三路入城。下午，太平军登上驻防城西门城垣，祥厚自刎，驻防城衙署、屋宇尽被焚毁。3月29日，太平天国正式定都南京，改称天京。后来，1885年清朝修复仪凤门段城墙，在墙面上镶嵌了三方碑铭：在修复城墙的起讫点，分别嵌砌高44 cm、宽22 cm的界址石志"右界"和"左界"各一块；正中为一方高85 cm、宽43 cm的记事碑，上刻竖写4行63字：

光绪拾壹年岁次乙酉孟秋月
奉宪委修象山脚下城墙壹段计长捌丈贰尺
善后工程委员运司同衔江苏遇缺即补知县长沙黄国忠监修
　　　　　　　　　匠头　王永发　葛庆林

历史往往带有某种戏剧性。随着太平军逐渐走向衰落，1863年，清廷加强了对天京的进攻，派出曾国藩的湘军收复天京。湘军攻城，为高厚的城墙所阻，湘军首领曾国荃则集中兵力在城外挖地道。1864年7月3日，清总兵朱洪章带队进入天京城墙龙脖子段偷袭太平军，太平军失守，使城墙龙脖子要隘及近城制高点全部被湘军控制，天京失去了最后一道屏障。太平门外龙脖子处总兵李臣典又偷偷在太平门龙脖子处重开地道，日夜兼工，仅五日而成。1864年7月19日上午，湘军各部聚集在天京各城门外。午刻，总兵李臣典报告安放好火箭引线，曾国荃即刻传令发火，引爆了3万斤（1斤=500g）炸药，只听"霹雳一声，揭开城垣20余丈，烟尘蔽空，砖石满谷"。湘军"直冲倒口而入"，可谓以其人之道还治其人之身。随后，神策门、朝阳门、通济门、聚宝门、水西门、汉西门等九处城门均被湘军攻破，忠王李秀成带着幼天王从龙脖子这个缺口跑出了南京城。曾国藩拿下南京城后，考虑到防守问题，又重修龙脖子这段城墙，同样镶嵌有三方碑刻，以及在白马村田埂上树立湘军攻破城池的记事碑。

太平军最先攻克的是北面的仪凤门，清军最先攻入的是南面的"龙脖子"。选择进攻点的重要原因其实是南京明城墙中的包山墙，这种墙在建造时省工、省时，但实战却无益处，从而成为战争中的软肋。其实，京城城墙虽固若金汤，但有一个不足就是护城河未能完全贯通。南京城墙龙脖子段因朱元璋出于风水的考虑（怕掘断龙脉）而没有设护城河，虽然曾建天、地保城做弥补，但不得不说这是军事上的一大失误，导致以后的几次破城，如湘军颠覆太平天国的天京之战和1911年12月2日江浙联军赶走张勋的南京之役，都是先夺取天、地保城，然后炸开城墙或天保城架炮猛轰夺取南京。

神策门由于地势偏僻，20世纪20年代美国人在此建立了亚细亚火油公司，后来被日本人改成军队油库，再后来又被国民政府军和人民解放军南京军区沿用为油库。也正因如此，神策门70余年来从未向公众开放，成为南京明城墙中最神秘的一段。

3.3.2 历史故事传说

南京明城墙从建造至今，它的历史不是冰冷的数字和排名，而是由鲜活的生命和丰富的情感构成的。围绕明城墙的修建，有多少人间冷暖，悲欢离合？它给生活在围城中的人们，又留下了多少传说故事？在本书研究的进程中，笔者在查阅资料的同时，曾多次走访老南京人，听他们讲明城墙的故事。这些传说故事代代相传，虽不是严格意义上的史实，但却从不同角度折射出南京明城墙丰富的历史文化内涵。

先从城砖说起。建造城墙的城砖或条石之间用石灰浆、糯米汁、桐油等混合物黏合。为造城墙，大臣和百姓们无不小心翼翼、如履薄冰。南京明城垣史博物馆内就有一块记载着一名服苦役军人刻下打油诗的城砖："似从工作到如今，日日挑柴吃苦辛。一日秤来要五百，两朝定是共千斤。山高路远难行步，水深堤滑阻工程。传语诸公除减少，莫教思苦众军人。"

还有一件令人称奇的物件如今被收藏在南京明城垣史博物馆展厅

内——核桃大小藏在砖内烧制的小人头,表情古怪似有愁苦又似恐惧。1957年在一处拆城工地上,一块刻有"怀宁县"的城砖被民工不小心跌断,断开处就掉出这个小人头来。对于它为什么被烧在城砖里,后人只能去猜测了:是祈祷平安的信物?是烧砖人夫的嬉戏?还是发泄造砖人对大明皇帝劳民伤财的诅咒?笔者想该是后者吧。

在南京明城垣史博物馆还收藏着另一件与城墙相关的物件,那是一个植物的根系,初看没有什么特别,细看则发现它的几个侧面都被印上了城砖上的字。由于根系常年生长在城砖的夹缝中而被烙上了城砖文字,有一个侧面能清晰地看到窑工的名字"金四",这真是大自然的杰作。

南京城墙建造的巨额资金,据说是由江南富户分摊解决。仅浙江吴兴大富豪沈万三,一人就认捐了1/3的造城费用。传说建造南门的时候,白天建好的城墙晚上就坍塌,且屡建屡塌。有人向朱元璋献计,借用沈万三的聚宝盆就能建成南门。于是,朱元璋派人向沈万三"借"来聚宝盆,并说好第二天打五更的时候就归还。聚宝盆"借"来后,埋入第一道城圈内的东边城下,又建了一座小塔于聚宝盆之上,后来南城门果然建好了,人们便称南门为"聚宝门"。但是从那以后,南京就再也不打五更了,因为一打五更,就要归还聚宝盆。

3.3.3 风俗民情

俗话说,"千里不同风,百里不同俗",一方水土养一方人。南京明城墙如同一道围城,围合了南京老城区的边界,也自然而然限定和影响着老城区人们的生活,甚至代代流传,这种深刻的影响力已经演变为一种独特的地域文化。

登临城墙成为南京地区独特的新年风俗,所谓爬城头走百病。每年的正月十六,南京人都举家出行,登城头、壮脚力,以此迎来新一年的平安、康健。秦淮灯船是民俗文化的趣味体现,每一年元宵节,南京人都喜欢将画舫游船装饰一新,船上布满花灯,晚上春灯画舫从中华门附近出发,沿秦淮河驶过武定桥、东水关等,入明宫护城河,至复成桥结束,此活动素有"秦淮灯船甲天下"之誉。清明节,沿城墙放风筝也是南京人的一大习俗,风筝是吉祥之物,放走晦气,以此图个吉利的好彩头。很多老南京还喜欢让孩子们从郊外护城河边折回几枝柳条,编个草帽戴在头上,作为踏青时的战利品,有避邪除灾、求生保健、图平安吉利之说。

南京人的生活中有一种悠然自得的清闲。茶余饭后遛鸟、喝茶、散步、聊天,已经成为南京市民生活的一种方式。站在城墙上欣赏老城风景是许多市民的生活享受。现在,南京明城墙在很多地方都设了登城点,要爬城头很方便,游人可以随时上下城墙休闲锻炼。

4 遗产资源判别

遗产廊道与绿道的区别在于绿道强调自然生态系统的重要性，它可以不具备文化特性，但遗产廊道将历史文化内涵提到首位，同时强调文化教育、旅游和休闲以及自然生态系统的功能。因此，遗产廊道构建最核心的问题是对廊道区域的遗产资源进行判别与界定。这一过程应该对遗产廊道沿线的遗迹遗存、与历史上旅行相关的游记等文献资料、宗教和思想文化观念传播中的具体场所、发生重要影响的地点及相应的文献记录等进行统一分析整理。

南京明城墙遗产廊道是以明城墙为主体遗产资源，包括明城墙沿线一定区域内的重要遗产资源的整体代表。南京城市在2 500多年的城市建设史中，经历了历史上几个重要的阶段，即六朝时期、南唐时期、明朝初期、太平天国时期和民国时期，这几个时期奠定了南京作为历史文化名城的重要历史积淀，留下了丰厚的历史文化及遗产资源。南京明城墙围合范围横跨南京鼓楼、秦淮、玄武、建邺四个主城区，以时间为纵轴线，以适宜的城市尺度遗产廊道宽度为地理范围界定，对文化遗产资源的全面整理、调研与判别是本章的主要内容。

4.1 遗产廊道的研究宽度及区段划分

廊道的宽度是遗产廊道规划中的重要问题，它直接决定了遗产廊道中遗产保护的全面性与高效性。目前，遗产廊道的研究范围多为行政边界，廊道边界的确定则通常依据道路、水体、山脊和交通设施等比较明确的地理要素，同时考虑遗产的分布以及廊道附近居民对廊道的利用等（Andresen et al, 2004）。遗产廊道越宽，能保护的遗产总量越多，保护面越广。但过宽的遗产廊道会使用于遗产廊道保护的有限资源难以集中到最核心的保护区域。因此，确定合理的遗产廊道宽度就成为遗产廊道规划中的首要问题。

本书参考相关对遗迹、遗址型绿道宽度的研究（王肖宇，2009；周作莉，2011；李春波等，2007），考虑明城墙遗产廊道的城市尺度特征，结合明城墙周边用地形态和遗产分布情况，以城墙内外侧500 m左右的宽度为遗产资源普查范围（紫金山除外，整个紫金山几乎都包含在遗产廊道内）。

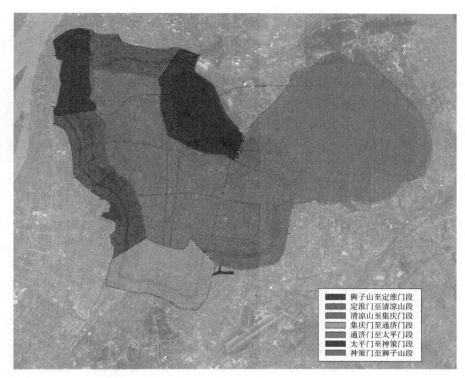

图 4-1 明城墙遗产廊道资源普查范围及分段分布图（见书末彩图）

最终遗产廊道的边界确定将根据界定的遗产资源分布情况，并尽量以城市主、次干道或护城河滨河绿带为边界范围（详见第 7 章）。

根据明城墙遗址的形态特点和周边遗产的分布状况，将明城墙完整形态（包括无遗存部分）分为七个段落，分别是狮子山至定淮门段、定淮门至清凉门段、清凉门至集庆门段、集庆门至通济门段、通济门至太平门段、太平门至神策门段以及神策门至狮子山段，并对明城墙沿线周边遗产资源状况进行分段调研（图 4-1）。

4.2 遗产本体现状分析

4.2.1 遗址、遗迹现状分析

对南京明城墙的保护工作实际上是在 20 世纪 80 年代以后才真正开展起来的。南京市政府高度重视并投入大量资金对南京明城墙进行维修和保护。1982 年以来，南京市委、市政府为维护城墙投入资金 2 300 多万元，先后对中华门、凤台路、台城至太平门、后标营、清凉门东南等 23 段城墙进行抢险维修，历年来维修城墙的总长度超过了 7 km，占南京现存明城墙的 1/3 左右。2000 年，江泽民、朱镕基等党和国家领导人莅临视察时，对南京明城墙的维修、保护、宣传、展示工作给予了高度评价。

在对明城墙大规模维修之后，明城墙基本完好状况得到有力的改善。

自中华人民共和国成立以来，南京市分别在 1954 年、1982 年、2000 年以及 2005 年组织了四次对明城墙的勘察测绘活动。根据 2005 年由南京市文物局杨新华率领的"南京市明城墙科学保护与抢救维修研究"课题组对明城墙进行的测绘数据，目前南京城墙的现状大致分为三大类：①基本完好类。原城墙保留约 1/3 以上，即水平面以上不低于 5 m 者；②遗迹类。原城墙保留不足 1/3，即水平面至 5 m 者；③遗址类。原城墙水平面无任何遗存者。

南京明城墙完整形态的总周长为 35 267 m，目前所有地面以上遗存段落长度有 25 091 m，基本完好类为 23 399 m，遗迹类总长度为 1 692 m，遗址类（地面无城墙）共 10 176 m，护城河共有 31 159 m（杨新华，2006）（表 4-1）。

目前，南京明城墙遗存段落的 25 091 m 被分割为七段，即中华门—东水关，后标营南—太平门，九华山—台城，解放门—神策门，中央门西—定淮门，石头城—汉西门，西水关—中山南路。明 13 座城门中仅有神策门（今和平门）、聚宝门（今中华门）、清凉门、石城门（今汉西门）4 座城门基本保存较好。至于瓮城，现仅存聚宝、神策二处和石城门瓮城的一半，如今神策门建成神策门公园，聚宝门及瓮城作为全国重点文物保护单位，是南京著名的旅游景点，石城门及瓮城遗址处建有汉中门市民广场，清凉门今位于清凉山公园。另外，明朝时为调节水量在秦淮河出入口处的通济、三山二门各建东、西水关一道，现东水关仅存下部石壁和墙壁上闸门石槽，今建成东水关遗址公园，为全国重点文物保护单位，西水关仅存下部石壁遗址。通过文献资料的查阅和现场调研，现笔者将南京明城墙、护城河遗存及遗址现状做以下分析（表 4-2，图 4-2）：

表 4-1 南京明城墙总体现状分析表

类型			现城门数（座）/瓮城数（座）/水关数（道）			备注
			明	民国	中华人民共和国成立后	
明城墙完整形态	遗存段落	基本完好类	4/3/2	7（城门数）	9（城门数）	最长一段"自九华山东侧至神策门西侧"为 5 462 m，最短一段"新民门"为 25 m
		遗迹类				最长一段"中央路西侧至钟阜门西侧"为 1 036 m
		总计				—
	遗址类		—	—	—	最长一段"汉西门至原第二机床厂北侧"有 1 761 m，最短一段"汉西门瓮城西缺口"仅 5 m
	总周长		—	—	—	明城墙最高部为 26 m，位于琵琶湖；最窄处仅为 2.6 m，位于富贵山西侧；最宽处为 19 375 m，位于西干长巷段
护城河			—	—	—	最长段落为 5 658 m，最宽处为 1 743 m，处于玄武湖。城墙与护城河之间最宽处为 334 m，最窄处为 0 m，为琵琶湖段

表 4-2　南京明城墙遗存中基本完好段落现状分析一览表

基本完好类城墙段落	城墙顶宽/城墙高度（m）	城墙结构	现有城门（瓮城）情况	护城河	备注
中华门—东水关	15—18/16—21	内外全条石	中华门（明聚宝门，有瓮城），雨花门（民国），武定门（民国），伏龟楼小门（中华人民共和国成立后），中华东门、西门（中华人民共和国成立后）	外秦淮河及东水关	通济门（明）遗址
后标营南—太平门	3—5/12—15	下石上砖	中山门（民国），标营门（中华人民共和国成立后），后半山园小门（中华人民共和国成立后），富贵山小门（中华人民共和国成立后）	琵琶湖，前湖	太平门（明）遗址，朝阳门（明）遗址
九华山—台城	8—12/15—24	全砖	—	玄武湖	—
解放门—神策门	4—6/12—18	下石上砖	解放门（民国），玄武门（民国），和平门（明神策门，有瓮城）	玄武湖	—
中央门西—定淮门	4—6/12—15	砖包山	新民门（民国），兴中门（中华人民共和国成立后重建），挹江门，华严岗门（中华人民共和国成立后）	护城河	定淮门（明）遗址
石头城—汉西门	5—8/15—20	下石上砖	清凉门（明），汉西门（明石城门）	外秦淮河	汉中门（民国）遗址
西水关—中山南路	15/9—15	全条石，条石上用城砖建垛口	集庆门（中华人民共和国成立后），热电厂小门（中华人民共和国成立后），长干门（中华人民共和国成立后）	外秦淮河，西水关遗址	三山门（今水西门）遗址

神策门（今和平门）：全国重点保护文物。清顺治十五年（1658年），郑成功北伐金陵败绩于神策门下，清廷便改其名谓"得胜门"。1931年改今名。由于其位置颇偏，明、清、民国基本闭而不用。日寇占领南京期间，将和平门瓮城培土建成军队油库。中华人民共和国成立后，此处仍为南京军区后勤部油库。被作为军事禁区封闭70余年后，如今神策门是南京城门中保存最完整的一座，也是南京城门中唯一保留有木门和民国以前城楼（清末建筑）的城门。城楼为三开间重檐歇山顶建筑，用材类似民居。神策门有一道外瓮城，类似北方城池，值得一提的是，瓮城门不正对城门，而是开在瓮城的东北边，这在诸门中是仅此一家，也是朱元璋因地制宜筑城思想的另一例证。

聚宝门（今中华门）：因面对聚宝山（今雨花山）而得名。1931年改用今名。此门是在南唐江宁府城和南宋建康府城的基础上拓建而成。城门坐北朝南，前接长干桥，以外秦淮河为护城河；后接镇淮桥，以内秦淮河为内堑。城门东西长 128 m，南北深 129 m，占地约为 1.6 km^2，由三重瓮城、四道城门、二十七个藏兵洞、两条登城礓磋和一条坡道组成。

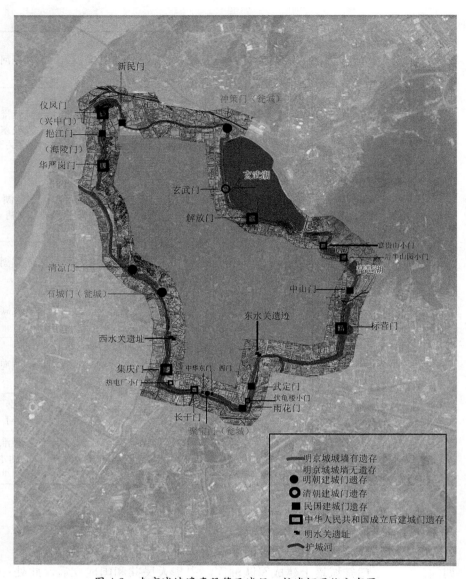

图 4-2 南京城墙遗存段落及城门、护城河现状分布图

整个建筑由条石砌墙、城砖发券并砌雉堞。中华门为世界上保存最完好的、结构最复杂的古代瓮城城堡,和南京明城墙一道被列为全国重点文物保护单位。它以实物形式呈现了明初的建筑艺术,成为研究中国建筑科学技术史极为珍贵的例证。

清凉门:位于今汉中门外清凉山西南麓,也是明、清、民国至今闭而未用的城门。此门由一道城门和一圈椭圆形内瓮城构成,现在城楼已经不存在,其余基本保存完好。其规模小于神策门。由于这一段城墙是建造在清凉山西南部高低起伏的山崖上,地处偏僻,行人稀少,因而得以保存至今。

石城门(今汉西门/旱西门):全国重点保护文物。因正对石头城而得名石城门，为朱元璋在东吴孙权所建石头城的南端城门"石头城"的基础上加筑瓮城而建。迄今已有近 1 800 年的历史。这里是明南京城的正西，所以又叫西大门。又因三山门在南唐时称水西门，这里又称旱西门，最后又因旱、汉同音，人们慢慢以汉西门称之。汉西门在明 13 座城门中，其规模仅小于中华、水西、通济三门。汉西门由两道瓮城、三通城门组成，三门正对在一条直线上，与中华门做法相同。可惜在"文化大革命"期间，被占用单位南京市机具总站拆掉瓮城的北墙和第一道瓮城的东墙。如今汉西门是南京至今现存历史最悠久的城门，其遗迹经修复保存于汉中门市民广场，该广场建于石城门瓮城遗址。

除此四门，其余明代所建城门均已荡然无存。如今的仪凤门（今兴中门）为中华人民共和国成立后重建，中山门为民国时期在朝阳门遗址附近重建。

东水关： 亦称东关头，全国重点保护文物。在通济门西侧，明初为控制秦淮河入城水量而建。其建筑由分水闸、桥道、藏兵洞三部分组成。水闸有前后两道，在半圆形拦水坝中间安装木质水闸（闸已无存），由绞关启动。第一道在内秦淮河入水口，第二道在城墙之内。城墙在两道水闸之间的特制桥道上堆砌。桥道宽于城墙 7 m 左右，城外留有约 2 m 宽度的便道，城内则留有 4 m 多的桥面为人行道。城墙之下留有 9 孔拱券式进水巷道。为防敌人潜水进城，每孔分别安装有固定的铁栅。为守闸的防御需要和减轻城身对桥道的压力，在城墙中建有上、下两层各 11 个共 22 个坐东向西的藏兵洞，其壮观程度可与中华门媲美。可惜，上层藏兵洞连同城墙已被拆毁，现仅存下层的 11 个藏兵洞。

西水关： 在水西门南侧，建筑布局同东水关，亦有两道闸、一道桥梁和藏兵洞，可惜现均已无存，仅有城内水闸石质闸槽存在。如今的西水关遗址被建成小公园。

武庙闸隧道： 该隧道在南京市政府大院档案馆西土山内。隧道为南北走向，横于城墙之内，长约 22 m，高约 4.5 m，宽约 4 m。隧道壁直墙用城砖平砌，券顶以侧砖法砌；两头做直墙封死，墙体以侧砖砌。隧道地坪用五重城砖铺砌。由于砌墙用的黏合剂随水滴下渗，隧道顶部形成倒垂的白灰色结晶体，在灯光照耀下熠熠折光，颇有一番景色。

4.2.2 护城河现状分析

南京明城墙虽有 1/3 被毁，如今被分割为七段，但护城河走势却相对贯通，自定淮门至通济门段城墙护城河为外秦淮河，经过近年来的疏浚整治，如今河水水质有较大提升，且沿秦淮河两岸已建成连贯的滨水绿带，绿化状况较好。自通济门至神策门段护城河为明代开凿，护城河以及月牙湖、前湖、琵琶湖和玄武湖，大部分属于钟山风景名胜区。水体今多为景观水，且多开发为城市公园，绿化环境较好。神策门至狮子山段城墙大部分已不存在，护城河却依然贯通，但河道两岸建筑侵占严重，环境质量不佳，绿化状况较差。狮子山至定淮门段护城河为卢龙湖和原有护城河，大部分属于狮子山风景区和绣球公园，河道水质较好，两岸绿化覆盖率较高。

4.3 遗产资源判别

4.3.1 南京古城历史沿革

南京有着 2 500 多年的建城史、800 多年的建都史（包括陪都时期），是国务院 1982 年公布的第一批历史文化名城，是著名的六朝古都、十朝都会，在世界范围的古都中具有重要地位。

早在春秋战国时期，南京地区就是吴、越、楚三国的接壤地带。公元前 495 年，吴王夫差在秦淮河入江口附近冶山上（今南京城西南朝天宫后）创建土城——"冶城"，是军事防御的城池兼冶炼作坊。公元前 472 年，越灭吴，越王命范蠡在今中华门外长干里筑土城"越城"，以之作为攻打楚国的基地，此城一直遗留到明清时期，是有明确记载的今南京市区内最早的古城。之后楚国打败越国，取得江东的吴国故地，设置金陵邑，南京古名"金陵"即由此而来。东汉末年，传说诸葛亮与鲁肃策马察看南京天然地形，发出感叹："钟山龙蟠，石城虎踞，真乃帝王之宅也。"这里因山为城，因江为池，恃江山之险为固，为兵家必争之地。孙权将东吴的政治中心从京口（今镇江市）迁来秣陵，改秣陵县为建业县，在楚金陵邑城的基础上筑石头城。229 年，东吴自武昌（今湖北省鄂州市）还都建业，此建业不是秣陵旧镇，而是在石头城东重新营筑的新城，坐落在秦淮河北 25 km 的鸡笼山、覆舟山下，北倚玄武湖、覆舟山，东凭钟山，西望石城，南临淮水，建业城相当于后世的皇城，城内建筑为宫室、营房，无民宅、商肆等。建业城正门宣阳门与秦淮河之间有一条 2.5 km 长的南北大道——"苑路"，即御街，其南端秦淮河两岸是密集的居民区、商业区。这是南京首次作为封建王朝的首都，是南京城形成的开始，也是南京第一个都城的历史存留。

280 年，西晋灭吴，建业都城并未遭到破坏，只是行政区做了调整，改建业县为秣陵县，分立临江县。281 年，改临江县为江宁县，这是江宁地名的最早由来。382 年，西晋又分秣陵为两县，以秦淮河为界，北在建业城宣阳门内设建邺县治，南在秣陵关设秣陵县治。西晋末，又改建邺县为建康县。西晋末年，由于北方战乱，建康都城内的北方人数激增，东吴时已趋繁盛的秦淮河两岸人口更加密集，屋舍密布，豪门大族的宅舍、别墅也集中于此。当时的秦淮河比现在宽阔，商业活跃，河上架起包括朱雀桥在内的 24 座浮桥。317 年，镇守建康的琅琊王司马睿在南逃的北方大族的拥戴下，称帝于江东，建立东晋王朝，再次以建康为首都。苏峻之乱前，建康城的规模形制都是承袭孙吴时的旧制，并无变更。苏

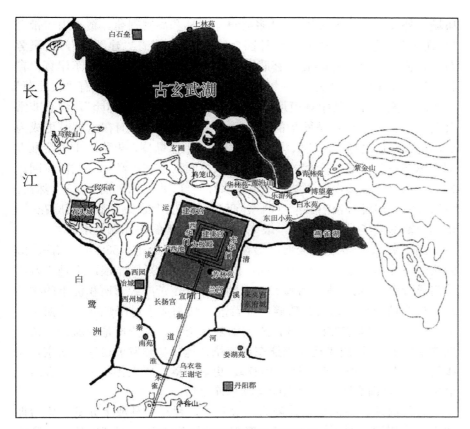

图 4-3 六朝时期建康城形势图

峻之乱被平定后,建康城由于战乱已是满目疮痍,"宫阙灰烬"①。330 年,晋成帝在孙吴苑城的故址上开始重建宫城,历时两年有余②。该宫城称建康宫,又称显阳宫,俗称台城,周回八里,开有五门,并在宫城的修建中首次使用了砖③。之后,又修筑了都城和外郭城。这一时期所修建的宫城、都城、外郭城奠定了六朝时期建康城三重城垣的基本规模和框架(图 4-3)。

420—589 年相继建都于建康的南朝(刘)宋、(萧)南齐、(萧)梁、(南)陈四代,沿袭了东晋建康城,都城位于覆舟山、鸡笼山一带,大致为现在南京的中心,东南大学四牌楼校区校园曾经是六朝宫殿遗址。"东环平冈以为安,西城石头以为重,后带玄武以为险,前拥秦淮以为阻。"④到梁武帝时,建康都城的范围发展到东西南北各 40 里,人口达到 28 万户,成为当时全国的第一大城,也是世界上最繁华、最宏大的城市之一。南京城在中国历史上最辉煌、最灿烂的篇章便是六朝时期的 300 余年,有 30 多位皇帝。这是中国政治上最混乱、社会最痛苦的时代,然而却是精神上最自由、最解放的时代,也是中国文化发展史上"承前启后"的伟大时代。这一时期,哲学、诗歌、绘画、宗教、建筑、园林、科技等都出现了一个大的飞跃和转折,对现实社会的感悟和对现实人生的反思极为强烈和深刻,史称"人的觉醒",比欧洲文艺复兴早 1 000 多年。在建

① 《晋书》卷七《成帝纪》。
② [唐]许嵩《建康实录》卷七《晋中》:"(东晋咸和五年,即 330 年)九月,作新宫";"是月[东晋咸和七年(332 年)冬十一月],新宫成"。
③ [唐]许嵩《建康实录》卷七《晋中》载:"始用砖垒宫城。"
④ [明]礼部纂修、陈沂撰《洪武京城图志:金陵古今图考》。

康城内外，南朝帝王兴建有 30 多处皇家园林和离宫别苑。覆舟山一带有"乐游苑"，鸡笼山一带有"华林园"，秦淮河南岸有"建新苑"，青溪旁有"芒林苑"和"娄湖苑"，玄武湖北岸有"上林苑"，玄武湖东岸有"青林苑"，方山同步有"方山"，钟山下有"博望苑"，长江岸峡有"灵丘苑"和"江潭苑"等。其中规模最大的是"乐游苑"和"华林园"，而且非常著名。东吴以来一直是繁华的商业区、居住地的秦淮河在六朝时更成为名门望族聚居之地，商贾云集，文人荟萃，儒学鼎盛，史称"十里秦淮"。刘禹锡在石头城感叹六朝的兴衰："山围故国周遭在，潮打空城寂寞回。"杜牧在鸡鸣寺称颂六朝都城："千里莺啼绿映红，水村山郭酒旗风。"然而，"烟笼寒水月笼沙，夜泊秦淮近酒家。商女不知亡国恨，隔江犹唱后庭花"⑤，南朝的富庶繁华，金粉奢侈，最终把金陵王气消解得如烟似水。

当隋朝大军席卷金陵时，金陵城已经不堪一击。589 年，隋灭陈，隋炀帝下令将六朝宫阙荡为平地，以怕金陵王气兴风作浪，于是"万户千门成野草"（刘禹锡《台城》）。六朝 300 余年苦心经营所积淀下的种种繁华最终被一道圣谕击得粉碎，往昔的一切都成了过眼烟云，诚如唐人韦庄诗云："江雨霏霏江草齐，六朝如梦鸟空啼。无情最是台城柳，依旧烟笼十里堤。"隋唐大运河直通东南富饶之地，扬州发展迅速，南京日益成为单一军事重镇（李江浙，1987），更显衰落。唐人杜牧笔下"春风十里扬州路"，而金陵则是"六朝文物草连空"。

唐代前期、中期金陵被降为一般县治，称江宁县或上元县，唐后期才恢复为州治，逐渐恢复元气。唐末，金陵等地为淮南节度使杨行密所有。902 年，杨行密被唐昭宗封为吴王，是为五代时期"杨吴"建国之始。吴天祚三年（937 年），徐之浩夺取帝位，新建国号"唐"，史称"南唐"，将国都由江都迁至金陵，改金陵为江宁府，南京因而又成为都城。南唐江宁府城较六朝时期"建康城"位置南移，将此前处于城外工商业最为繁荣、人口最为密集的城南地区（即沿秦淮河一带）并入城内，秦淮河因而成为城市的内河（图 4-4）。南唐前的各个时期，秦淮河一直被视为城南的护城河而具有显著的军事防卫功能，至这一时期则有另一条河道来充当这一角色，即外秦淮河，时称"杨吴城壕"。南唐江宁府城的南城垣即沿此水的北岸修筑。由六朝至南唐，南京的城市轴线自北向南基本形成，即由大致今天的洪武路至中华路直抵中华门。南唐江宁府城坐拥山水地利，但并未将周边的雨花山、钟山、幕府山等重要战略制高点置于城内，使得北宋军队进攻南唐时，南唐无险可守，后主不得不出城受降，成亡国之君。南唐金陵城后来为宋元时期所用，并为东南重镇。

明初，金陵王气再度提升，南京首次成为拥有全国版图的大一统封建帝国的都城。朱元璋在南唐江宁府城的基础上拓建新城，吸取历史的教训，将南京城重要山脉纳入其内，积聚着"王气"，拱卫着南京，并利用外秦淮河、金川河、玄武湖等作为其天然护城河，南京城山川地貌形成坚不可破的天然屏障。南京城是当时全国乃至全世界最大的一座城池。

⑤［唐］杜牧《泊秦淮》。

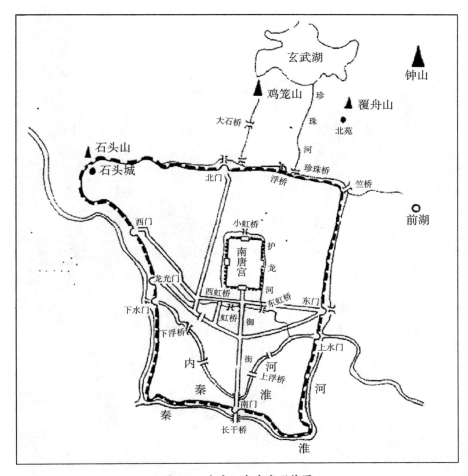

图 4-4 南唐江宁府城形势图

当时的南京城都城之内者为坊,外者为厢。城内秦淮河两岸最为繁盛,为"十里秦淮"的鼎盛时期,尤其靠近聚宝门(今中华门)西多为市井行口。明成祖朱棣迁都北京后,南京作为留都。明代初期的 53 年南京被称作南京或京师,这是历史上正式称"南京"。

清代,南京是两江总督驻地,为东南重镇,清代后期太平天国曾定都南京,称其为天京。这一期间,明代的城垣未改,太平天国失败后,南京城内的建筑大部分被毁。明清以降,唯有北京可与之比肩为"南北二京"中的著名都城,遗留下相当丰富的历史文化遗产,也是南京遗留地面建筑遗产之重要组成部分。

1912 年,南京成为中华民国的临时首都,1927—1949 年成为中华民国首都。这一时期,南京建成区的范围始终位于明代都城(即明城墙)轮廓内,城市建设的中心仍然集中在鼓楼以南和中山北路沿线,明城墙围合的空地仍然在 1/3 左右,城市发展仍有很大的空间。此时期制定的《首都计划》,按中西合璧的风格对南京城区进行部分改建。当时的中山大道等重要轴线至今仍深刻影响着城市发展,遗留的民国建筑遗产也相当丰富(图 4-5,表 4-3)。

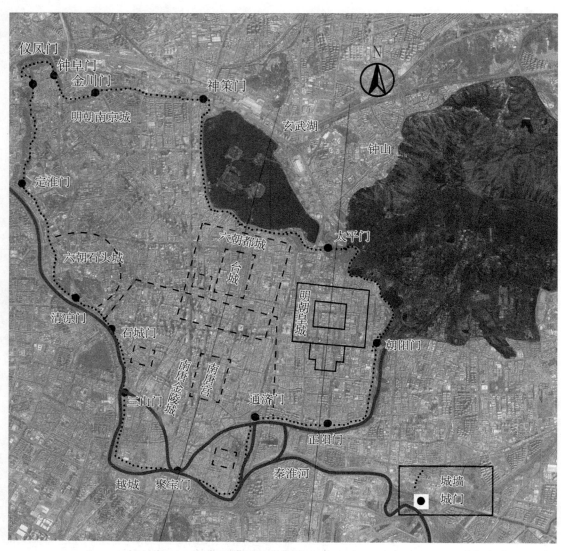

图 4-5 南京古都历史格局演变关系图

表 4-3 南京古都历史沿革及地理格局演变表

建城史重要时段	历史曾用名	地理位置	主要职能或行政属性	重要历史意义
春秋战国	冶城（公元前495年始建）	秦淮河入江口附近冶山上，今南京城西南朝天宫后	军事防御的城池兼冶炼作坊	南京最早的土城，南京"城"的胚胎
	越城（公元前472年始建）	今中华门外长干里	作为越国攻打楚国的基地	一直遗留至明清，有明确记载的今南京市区最早的古城
	金陵邑（公元前333年始建）	清凉山（石头城）	冶铸	—

续表 4-3

建城史重要时段		历史曾用名	地理位置	主要职能或行政属性	重要历史意义
东吴	222—280 年	建邺（石头城）	清凉山（石头城）	孙吴都城（南京首次作为封建王朝的首都）	中国在六朝时期的经济、文化、政治、军事中心，也是世界上第一个人口超过百万的城市，当时世界上最大的城市
东晋	317—420 年	建康城（台城）	今南京主城区偏北，东西南北各40里，宫墙三重，南拥秦淮、北倚后湖、钟山龙蟠、石城虎踞	东晋都城	
南朝	公元 420—589 年[(刘)宋、(萧)南齐、(萧)梁、(南)陈]	建康城		(刘)宋、(萧)南齐、(萧)梁、(南)陈首都	
五代（南唐）	公元 937 年	江宁府	较六朝时期"建康城"位置南移	南唐都城	将秦淮河并入城内，使其成为内河
明朝	1368—1403 年	应天府	今明城墙围合范围	明初都城	南京首次成为拥有全国版图的大一统封建帝国的都城
	1421 年至明末	应天府	今明城墙围合范围	明朝留都	保留了一套中央机构，与北京所在顺天府合称二京府
清代	前中期	江宁府	今明城墙围合范围	两江总督驻地	江南地区的政治、军事重镇，经济枢纽和文化中心
	太平天国	天京	今明城墙围合范围	太平天国都城	建立与清政府对峙的革命政权
中华民国	1912 年	南京	今明城墙围合范围	中华民国临时首都	中华民国建国以来第一个中央政府机构
	1927—1949 年	南京特别市	今明城墙围合范围	中华民国首都	—

　　昔日的南京既有北京的霸气，拥有雄伟的城墙、壮美的宫殿；又有苏杭的江南风韵，处处可见粉墙黛瓦、小桥流水。在经历了东吴末年石头城之战、梁朝侯景之乱、隋灭陈朝浩劫、南宋初年金兀术南侵、明朝靖难之役、太平天国保城战、辛亥革命起义、侵华日军大屠杀等浩劫之后，南京城蹶而再起、衰而复振的一件件历史事件使南京城蕴含着沉重的分量。

　　如今，历代遗留下来数不胜数的地上、地下文物，默默地佐证、展现着各种各样曾经鲜活的历史画面。现存的南京主城区，较为完好地保存了历史上南唐、明朝、民国时期南京城的中轴线，它们是中华路、御道街、中山路，同时较为完好地保存了明代南京京城城墙和民国时期对南京街区、道路的设计，还有古街巷、民国公馆区、河道桥梁。有的地名从六朝、南唐、宋元沿用至今。那些曾经在南京土地上活动过的著名人物，大量的重要历史事件，相关典籍、文献更是数不胜数，它们共同组成了南京作为历史文化名城的风貌和城市的格局。

4.3.2 物质文化遗产资源判别

在有关文物普查资料（如《金陵胜迹大全》等）和大量现场调查的基础上，笔者最终判别出 109 个文化遗产点，落实其准确位置并了解其历史和现状。这些遗产点包括研究范围内所有的现场有文物保护标志的和有文献记载的文物保护单位。现按照七个段落分别对明城墙沿线周边遗产资源状况进行调研判别与归类。

1) 狮子山至定淮门段
（1）城墙及护城河概况

此段城墙保存较好，走势连贯，可以登临。城墙蜿蜒曲折环绕狮子山南下，外有长江天险，内有狮子山为制高点——这便是朱元璋更改城墙原定方案的主要目的。然而这段城墙由于采用了包山墙的建筑方式，虽从建筑本身来看省时省力、节约成本和造价，但是牢固程度却大打折扣，埋下安全隐患，后来成为太平军攻打南京的突破口，今还留有太平军破城处作为纪念。此段城墙现辟有仪凤门（今兴中门）、挹江门、华严岗门。护城河在狮子山段为卢龙湖，再往南，护城河自小桃园向南延伸至定淮门。

这段城墙的起点是定淮门。定淮门是明初 13 座城门之一，建成之初，由于临近城内的马鞍山，曾被称为"马鞍门"，而"定淮门"则有稳定城外秦淮河之意。在明初 13 座城门中，定淮门地理位置较为偏僻。定淮门外曾有过著名的龙江宝船厂。

据考，卢龙山麓有龙凤呈祥地势的风水，所以明代初年本地段城墙建有钟阜门（向东）、仪凤门（向西）两座相对的城门。仪凤、钟阜两门曾一度被封堵达 200 年，直到清顺治十六年（1659 年），梁化凤为化解南明抗清名将郑成功的围城之势，出其不意开通仪凤门，大溃郑军。太平军攻打清代两江总督所在江宁城就是从仪凤门附近挖地道埋炸药，成功炸毁城墙入城的。民国二十年（1931 年），南京国民政府改仪凤门为兴中门（意为振兴中华），并请时任国民党主席谭延闿题写门额。1945 年抗日战争胜利以后，仪凤门外还曾经建过收容日军战俘、日侨的战俘营，不可一世的侵略者在这里低下了头颅。1958—1959 年，兴中门在"大跃进"运动中遭遇拆除，2006 年被南京市政府重新建造完成。晚清时期，时任两江总督的张之洞主持建造以总督衙门为中心的江宁马路，向北即从仪凤门出城至下关。

民国三年（1914 年），随着下关开埠，下关通向城内的仪凤门越来越不堪重负。下关士绅提议在仪凤门以南城墙上再开一道城门。此门在时任江苏民政长韩国钧的推动下得以开辟，因为韩国钧是泰州人（韩国钧家乡海安当时属泰州，泰州古称海陵），这座门得名海陵门。1928 年，为了准备孙中山灵榇奉安中山陵的典礼，南京市政当局修建中山大道。

狭窄的海陵门无法和宽阔的中山大道配套，仅仅建了十几年的海陵门因此被拆掉，并在此处建起了挹江门。挹江门于奉安大典前一个月竣工，为三孔多跨复合式券门，与传统意义上的明城门并不一样，更适应近代城市的需求。

挹江门建成之后，看尽了风雨沧桑。在1937年12月的南京保卫战中，由于挹江门是通向下关码头的唯一城门，被守军用麻袋堵死。城内守军撤退时出现了大混乱，致使很多军人和难民在挹江门门洞里被活活踩死。而12年后的1949年4月23日，解放军将士在下关江面上岸后，通过挹江门，解放了整座南京城。可以说，同样一座挹江门，见证了南京百年历史上最屈辱和最振奋的瞬间。

（2）历史文化概况及遗产分布

狮子山风景区拥有众多人文景观和历史遗迹，尤以阅江楼为主要标志。317年，晋元帝司马睿初渡长江，见此岭似北方的卢龙寨，遂赐名"卢龙山"。1360年，明太祖朱元璋在此山指挥伏兵8万，大败劲敌陈友谅40万军队，为大明王朝建都南京奠定了基础。朱元璋称帝后下诏在山顶建阅江楼，并亲自撰写《阅江楼记》，但因种种原因，一直未建。直到1999年南京市政府动工建筑阅江楼，才结束了600多年来有记无楼的历史遗憾。绣球山系狮子山余脉，独兀狮子山南，与狮子山形成"狮子盘绣球"之势。绣球公园内最大的水系东湖为城墙护城河，与中山北路南侧护城河相通。1976年在绣球山南坡发现宋代和尚墓，表明此山为古山，非明代开城河堆山所成。今山上有一方巨石，有"马娘娘脚印"：相传明太祖朱元璋在狮子山指挥军队与陈友谅军作战，当敌军追近龙江时，朱元璋仍按兵不动，大脚婆马皇后在绣球山看得真切，急得狠踩一脚而留下这一脚印。

八字山原名四望山，相传东吴大帝孙权曾登临此山。1929年，为了迎接孙中山灵榇，南京国民政府在八字山朝向中山北路一面用石头垒出"忠、孝、仁、爱、信、义、和、平"八个大字，四望山改称"八字山"。中华人民共和国成立以后，八字山石头标语曾先后改为"发展生产、繁荣经济""团结紧张、严肃活泼"，依然是八个字，却鲜明地展现了中国近现代史的变迁。如今八字山山上山下有很多钢筋混凝土碉堡群，其中有南京原国民政府防备日军的工事，也有渡江战役前国民党军队修建的碉堡。

坐落在狮子山西麓的静海寺，是郑和下西洋祭拜妈祖的地方，也见证了中国近代的屈辱史，它是中国近代史上第一个不平等条约（《南京条约》）的议约地。

狮子山至定淮门段城墙共计4 km，虽然不长，却串起了从太平天国到民国，从日本侵华到中华人民共和国成立很多中国近现代史上的重要时刻，这是其他地段的南京城墙难以比拟的。本区段内有省级文物保护单位5处，市级文物保护单位4处，区级文物保护单位4处（表4-4，图4-6）。遗迹多分布于狮子山风景区和绣球公园内，分布相对集中。

表 4-4 狮子山至定淮门段分布遗产点概况

名称	地点	概况或时代	现状	级别
阅江楼基址	狮子山顶	1360年朱元璋撰写《阅江楼记》，但未建成	南京市西部沿江的景观标志	鼓楼区文物保护单位
天妃宫	狮子山西南麓	1407年明成祖赐建；清咸丰年间宫毁、碑存	2004年为迎接郑和下西洋600周年，南京鼓楼区重建，为明代风格	江苏省文物保护单位
静海寺	热河路朝月楼116号	明永乐帝为嘉奖郑和航海的功德于1411年建，1937年毁	建筑由门厅、主房、厢房组成，仿明建筑	南京市文物保护单位
三宿名岩	建宁路292号	建于南宋，因名将虞允文三宿于此而得名	石壁上"三宿崖"尚存	南京市文物保护单位
渡江胜利纪念碑与纪念馆	热河路广场中心	纪念碑建于1979年，为纪念中华人民共和国成立30周年；纪念馆设在挹江门城楼上，为纪念中华人民共和国成立35周年	保存完好	江苏省文物保护单位
江南水师学堂	城北挹江门七二四所内	创办于清光绪十六年（1890年），主要为南洋水师输送人才。为清政府开办的军事学校，也是中国近代史上洋务运动的一处重要史迹	历经多次修缮，原样保存完好。原江南水师学堂的其他建筑已荡然无存	江苏省文物保护单位
江南陆师学堂及矿路学堂遗址，鲁迅纪念室	城北三牌楼，中山北路283号大院和对面南京军区政治部大院以及相邻之南京师范大学附属中学东半部校园	原为清光绪二十二年（1896年）两江总督张之洞奏请创设。陆师共办四期，第二期附设矿路学堂。鲁迅曾于此就读四年	1978年南京市政府拨款加以维修，并建成鲁迅纪念室，门匾由周建人先生提名。目前，鲁迅纪念室正在修缮中	江苏省文物保护单位
侵华日军南京大屠杀死难同胞遇难处及丛葬地（一）	挹江门	1937年	保存完好	南京市文物保护单位
曾水源墓	挹江门内云归堂的小山丘上	1859年重修，迄今为止发现的唯一一座太平天国重要人物的墓葬	保存较好	江苏省文物保护单位
仪凤门遗址	建宁路208号	明朝13座城门之一，与钟阜门相对。1928年，南京国民政府改仪凤门为兴中门。1971年，兴中门被拆除	2006年由南京市政府重新建造完成	鼓楼区文物保护单位
太平军破城处	挹江门附近	1853年3月19日，太平军用炸药炸塌此处城墙，从而占领南京。后清朝修复这段城墙时镶嵌三块标识记事碑	清朝修复	鼓楼区文物保护单位

续表 4-4

名称	地点	概况或时代	现状	级别
挹江门	中央北路北端	1921年开辟，当时只有一个门洞，称海陵门；1931年扩建为三拱门，易名挹江门	保存完好	鼓楼区文物保护单位
孙津川秘密工作旧址	北祖师庵49号	在第二次国内革命战争期间，孙津川任中共南京市委书记，后被叛徒告密被捕，在雨花台英勇就义	位于下关北祖师庵居民楼内，无遗存	南京市文物保护单位

江南水师学堂　　　　静海寺　　　　天妃宫

三宿名岩　　　　阅江楼　　　　南京城墙最西北角

挹江门丛葬地纪念碑　　曾水源墓　　鲁迅纪念室　　挹江门

图 4-6　狮子山至定淮门段部分廊道遗产资源

2）定淮门至清凉门段
（1）城墙及护城河概况

此区段城墙自清凉山体校附近至清凉门瓮城处保存较好，全长仅 1 km，是保存城墙中最短的一段。清凉门城门及瓮城部分保留，定淮门以南大部分城墙被毁，只有遗址存在。护城河为外秦淮河，水系贯通，在定淮门附近的三汊河处与内秦淮河汇合而流入长江。今河上架有清凉门大桥、草场门大桥、定淮门桥。

清凉门为明代13座城门之一,由一道城门和一圈椭圆形瓮城构成。清凉门由于地处清凉山而得名,也因地处偏僻才得以保存至今,为全国重点文物保护单位。

(2) 历史概况及遗产分布

这里有著名的象征金陵帝都之一的"石城虎踞"。然而真正的石头城乃孙权时所筑,位置在今石头城之北,约今草场门一带,位于石头、马鞍两山之间,地势开阔,是淮水入江之处,既可扼石头、马鞍两山之要,又虎踞江岸。因距口头山较近,所以将城命名为"石头",而并非现在地名中的石头城(即指清凉山西30余m的"鬼脸城"地段)。公元前333年,楚威王在石头山设置金陵邑。212年,东吴孙权在金陵邑的基础上修建石头城,城周七里百步,南开二门,东开一门,用以储存军粮和器械。石头城虽为土坞,因其虎踞江边与石头、马鞍两山之间,遂成为六朝时期保卫建康之军事要冲,为兵家必争之地。然而,自吴武义二年(920年)杨吴"稍迁近南"后,鬼脸城便取代了石头城,而孙吴所筑之石头城则无迹可寻了。

清凉山初名石头山、石首山,踞南京城西隅,位于南京市广州路西端,在地质上属于钟山西延余脉的尾端。清凉山由红色砾岩和砂岩组成,抵抗侵蚀力强,是南京西部的重要制高点(蒋赞初,1995)。历史上唐以前,长江直逼清凉山西南麓,江水冲击拍打,形成悬崖峭壁,成为阻北敌南渡的天然屏障。相传诸葛亮称金陵形势为"钟山龙蟠,石头虎踞",这只蹲踞江岸的老虎就指今清凉山。六朝300余年均以此为水军根据地和南京西面的军事重镇,防御功能突出。

唐武德八年(625年)后,长江西徙,秦淮河入江口改变,清凉山雄风不再,其作为军事重镇的作用逐渐废弃,成为文人登城游览、凭吊怀古的去处,李白、刘禹锡等都在此留下诗篇。五代时,南唐后主李煜在山中兴建避暑行宫,后改为清凉寺,辟为清凉道场,从此改名清凉山,成为金陵名胜之一。

明朝时,朱元璋扩建城墙,对石头城进行了加固和修复。直至清末,清凉山一带一直是重要的江防要塞,如今还留有很多军事遗迹。如在城墙内侧山体的一块平地上还留有一个水泥浇筑的圆圹,圆圹内壁上有锥形的壁龛,这是清末为了加强江防设置的清凉山炮台的遗迹。该炮台在抗日战争期间发挥过作用,后来被废弃,如今只剩下这么一个作为掩体使用的圆圹,其内壁上的壁龛则是放置炮弹的(苏克勤,2010)。城墙两侧还分布有多个钢筋混凝土结构的碉堡,都是抗日战争爆发前中国军队为了防备日军进攻而留下来的。

中华人民共和国成立后,特别是20世纪80年代以来,城市发展逐渐突破城墙界限,这里逐渐发展为公共活动的重要场所。1961年,南京市政府将其辟为清凉山公园,在"文化大革命"中其遭到破坏。20世纪

70年代末,开辟城西干道(后定名为虎踞路)时,为降低路面高度,挖掘山体,切断了清凉山,道路以东部分恢复为清凉山公园,山上有众多古迹。清凉寺旧藏"三绝",即董羽画龙、李后主八分书和李霄远的草书。道路以西清凉山西部的石头城(包括其南北的悬崖峭壁和一段明代城墙)被分割开来。2007年,南京市政协委员于化亭建议,把石头城和清凉山再连接起来,使其成为南京城西一个完整的的旅游景点,这一段虎踞路则改建为隧道,也可根除虎踞路两侧的山体滑坡隐患。该区段以石头城、清凉山为主体,作为城市起源地,有浓郁的历史、文化色彩,现有全国重点文物保护单位1处,省级文物保护单位2处,市级文物保护单位1处,区级文物保护单位2处(表4-5,图4-7)。

3)清凉门至集庆门段

(1)城墙及护城河概况

此段城墙在1958年几乎全部被拆毁,仅剩下清凉门至乌龙潭的一小段,原石城门瓮城部分保留,如今在原瓮城遗址上建成汉中门市民广场,护城河为外秦淮河,河道通畅,如今架有集庆门大桥、汉中门大桥、三山桥、凤凰桥、清凉门大桥。在三山桥南边遗留有明代西水关遗址。

石城门为南京历史最悠久的古城堡,也是六朝古都南京丰厚文化积淀的一个缩影。211年,孙权自京口(今镇江)徙治秣陵。212年,孙权便下令在楚金陵邑的基础上加建石头城。筑城长七里百步,南开二门,东开一门,最南端之门名曰"石城门"。1366年,明太祖朱元

表4-5 定淮门至清凉门段分布遗产点概况

名称	地点	概况或时代	现状	级别
清凉寺遗址	清凉门东侧的清凉山麓	921年杨吴权臣徐温建,名"兴教寺";后李煜改其名为清凉大道场;980年称其为清凉广惠禅寺;清咸丰年间被毁	清末,曾重建清凉寺;中华人民共和国成立后,清凉寺被屡加修葺	鼓楼区文物保护单位
崇正书院	清凉山东麓	明督学御史耿定向为讲学所筑;清咸丰年间被毁;1865年复修;"文化大革命"时被毁	1982年重建,由著名建筑师杨廷宝指导设计方案。1992年被辟为中华奇石馆	鼓楼区文物保护单位
一拂清忠祠	崇正书院东侧山下	南京嘉定十四年(1221年)为纪念宋代"一拂居士"郑侠所建;1990年拆除	年久失修,至中华人民共和国成立时仅剩破屋数间,1990年重建一座古典建筑,用作餐馆,取名一拂祠	—
扫叶楼	清凉山西南麓	明末清初画家、诗人龚贤居所;清咸丰年间被毁;1989年重建	坐北朝南三进,常举办画展。1989年重建时将扫叶楼后庭院与善庆寺连为一体	江苏省文物保护单位
善庆寺	清凉山西南麓	为祭祀唐代名将张巡而建	正殿三间,为明清式样	南京市文物保护单位

续表 4-5

名称	地点	概况或时代	现状	级别
清凉台	清凉山西侧山巅	相传南唐后主李煜常于此避暑作词	1991年重建,为城西观景绝佳处	—
石头城遗迹	清凉山北麓	公元前333年,楚威王置金陵邑于石头山;212年,孙权在金陵邑旧址筑石头城,作为水军基地	有鬼脸照镜子的传说,建鬼脸城	江苏省文物保护单位
驻马坡	清凉山公园	相传诸葛亮在此留下"钟山龙蟠,石城虎踞,真乃帝王之宅也"的名言,后世称诸葛亮、孙权驻马处为"驻马坡",并立碑于山麓	碑已无法寻觅,大体位置在清凉山以东,今公园东大门内。1984年刘海粟书写"驻马坡"石刻于北山坡	—
清凉门	清凉山西麓	明朝13座城门之一,由一道城门和一圈椭圆形瓮城构成	城门楼上的镝楼已经不存在,现为石头城遗址公园入口之一	全国重点文物保护单位

图 4-7 定淮门至清凉门段部分廊道遗产资源

璋扩建金陵城，在此基础上加筑瓮城，并沿袭东吴时故名，仍称"石城门"。1931年，南京国民政府在此北侧正对汉西门另辟一门，称"汉中门"。由此可见，今汉中门的历史，可追溯到211年孙权时期开筑的"石城门"。迄今，这座古老的城门已有近1800年的历史，留下了无数人文史话，南京民间盛传朱元璋的四子是假装成百姓从石城门逃走。如今的石城门遗迹被保存在汉中门市民广场里，为全国重点文物保护单位。

（2）历史概况及遗产分布

据《南京山水地质》载，此处地形与长江、秦淮河的变迁有密切关系。随着长江主流向西迁移，泥沙不断在南岸堆积，逐渐发展成一片冲积平原，低洼之处成为秦淮河入江的汊江河道，以后又逐渐淤塞，残留部分就形成一些湖泊和池塘洼地，莫愁湖就是在这种自然变迁情况下出现的，距今已有1000多年的历史。乌龙潭在孙吴时代为运渎与潮沟交汇入江处，原名清水大塘。今莫愁湖及乌龙潭公园内分布有多处名胜古迹，是南京著名的历史文化名园。

与莫愁湖隔湖对望的莫愁湖东侧冶山，则是古代南京最早开发的地区之一，也是南京各风景名胜中历史延伸最久远的景点，明代著名的朝天宫即位于此，今设有南京市博物馆。相传公元前5世纪中叶，吴王夫差在此开办冶炼作坊，大量制造青铜兵器。三国时，东吴孙权也在此设冶官，专门从事冶铁。东晋元帝大兴初年（317年），移冶城于石头城东，这里成为丞相王导的西苑。自此开始，有了园林的布置和亭台楼阁的营建。东晋孝武帝太元十五年（390年），曾建冶城寺于此。南朝宋时，在此建立总明观——全国最高科学研究机构，祖冲之、葛洪、王羲之等人都曾在此任职。唐代这里为太清宫，此后千余年，这里多为道家的宫观。北宋太宗雍熙年间建文宣王庙，是文庙的开始。元朝成宗元贞元年（1295年），该庙被改为玄妙观。明太祖洪武十七年（1384年），将其重建为朝天宫。此外，这里还分布有太平天国壁画和众多明清建筑，现有全国重点文物保护单位2处，江苏省文物保护单位4处，市级文物保护单位7处，区级文物保护单位11处（表4-6，图4-8）。

4）集庆门至通济门段

（1）城墙及护城河概况

该段城墙保存较好，走向完整，如今辟有集庆门（通道）、热电厂小门、长干门、中华门及瓮城、中华东门、中华西门、雨花门、武定门、伏龟楼小门九座城门。秦淮河流到东水关，分为两股，进入城内的为内秦淮河，而城外绕着城墙流淌一直到西水关的就是外秦淮河，也就是护城河。经过近年来的整治和疏浚，河道通畅，两岸均有滨河绿地，尤其在北岸靠近城墙的一侧以中华门为界分别建有西干长巷公园和东干长巷公园，武定门外建有武定门滨水绿地。护城河上今跨有集庆门大桥、凤台桥、饮马桥、长干桥、雨花桥、红旗桥、古九龙桥、通济门大桥，分别位于集庆门、热电厂小门、长干门、中华门、雨花门、武定门外、东水关遗址

表 4-6　清凉门至集庆门段分布遗产点概况

名称	地点	概况或时代	现状	级别
石城门	汉中门市民广场内	1366年，明太祖朱元璋扩建金陵城，在东吴石城门的基础上加筑瓮城，并沿袭东吴时故名，仍称"石城门"	石城门遗迹保存于汉中门市民广场，汉中门市民广场位于原石城门瓮城遗址处	全国重点文物保护单位
颜鲁公祠	乌龙潭公园内	759年，颜真卿于乌龙潭设放生池；1868年，涂宗瀛在放生庵遗址上建颜鲁公祠，是全国唯一保存完好的祭祀唐代杰出政治家、书法家颜真卿的祠庙遗迹	1988年重建，其汉白玉门额"放生庵"是唐宋古物	南京市文物保护单位
锁龙桥群	乌龙潭东首（乌龙潭公园内）	相传晋人为锁龙脖而建	今锁龙桥为一拱二券，与另外五座桥构成桥群组合	—
胜棋楼	莫愁湖公园内	朱元璋与徐达弈棋处，后被毁	1871年重建，为砖木结构	南京市文物保护单位
粤军阵亡将士墓	莫愁湖公园内	1912年始建，孙中山定名；1966年被毁	1979年重建	江苏省文物保护单位
侵华日军南京大屠杀死难同胞遇难处及丛葬地（二）	汉中门外秦淮河边	1937年建	保存完好	南京市文物保护单位
天朝总圣库	水西门内，今升州路338—360号	太平天国的国库	无遗存，现为南京市药材公司仓库	江苏省文物保护单位
朝天宫	水西门内莫愁湖东侧冶山	南朝时建总明观，唐代为太清宫，明太祖重建为演练朝贺天子礼节的地方，故称朝天宫	1865年李鸿章将江宁府移建于朝天宫。现存建筑群的格局为当年旧制	江苏省文物保护单位
堂子街太平天国壁画	汉中门附近堂子街88号一座古宅内	保留有18幅墨迹清晰、色彩艳丽的太平天国壁画	1952年被发现后，由市文管会进行修缮和保护。该壁画具有极高的历史和艺术价值	全国重点文物保护单位
罗廊巷太平天国建筑及壁画	罗廊巷17号	保留有太平天国时期壁画艺术作品10幅	迁移至堂子街，还剩两幅。该建筑现为普通民居	江苏省文物保护单位
卞壸墓碣	朝天宫内	六朝时期建（卞壸为东晋大忠臣）	有墓碑，刻"卞壸墓碣"	南京市文物保护单位
汉白玉金鱼盆	朝天宫内	明代	无遗存	建邺区文物保护单位

续表 4-6

名称	地点	概况或时代	现状	级别
朱状元巷	水西门附近，西起莫愁路，东至仓巷	明代万历年间状元朱之蕃居此而得名	清代重建，今大部分被拆迁，遗址上正在施工	南京市文物保护单位
陶凤楼（惜阴书院旧址）	龙蟠里69号	清光绪年间，两江总督端方在南京龙蟠里"惜阴书院"旧址上建藏书楼，是最早的图书馆、南京八大书院之一	抗日战争时被毁，1962年重建，无遗存	南京市文物保护单位
魏源故居	龙蟠里20号、22号	魏源，清道光年间杰出思想家，禁烟派的主要代表人物，辞官后在龙蟠里长住	无遗存	南京市文物保护单位
张公桥	止马营西口	六朝	有遗址，无遗存	建邺区文物保护单位
涵洞口	止马营尽头	六朝	遗址上正在施工	建邺区文物保护单位
安品街65号、82-1号	升州路西段之北，东起红土桥，西至仓巷	明代即用此名，又名铁狮子街。安品街20号为清末南京著名文人陈作霖故居"可园"所在地	2006年仓巷和安品街地块建筑被大部分拆除，土地被协议出让，现规划性质为商业、居住混合用地	建邺区文物保护单位
仓巷86号、88号	位于朝天宫正南的一条小街	三国时，仓巷北接皇仓，是当时繁忙的运粮通道。明清两代，仓巷地区是工商店铺、民居、文人汇聚之地	2006年仓巷和安品街地块建筑被大部分拆除，土地被协议出让，现规划性质为商业、居住混合用地	建邺区文物保护单位
杨桂年故居	仓巷78号	清代奉天府官杨桂年私宅。宅原有五进，坐东朝西，占地面积为1 452 m²	无遗存	建邺区文物保护单位
月牙巷11—28号	—	清代	无遗存	建邺区文物保护单位
汉白玉金鱼池	月牙巷23号	清代	无遗存	建邺区文物保护单位
仓巷桥	仓巷北口，朝天宫东	六朝，历史上的"下街口"	无遗存	建邺区文物保护单位
方苞教忠祠	龙蟠里14-4号、6号、8号	方苞，清代散文家，桐城派散文创始人	20世纪90年代初建开元新居	鼓楼区文物保护单位
薛庐	龙蟠里4号	清代	无遗存	鼓楼区文物保护单位

图 4-8 清凉山至集庆门段部分廊道遗产资源

公园、通济门遗址外。

此段有当今世界上保存最完好、结构最复杂的城堡——中华门城堡,有明代唯一较好保存下来的东水关,均为全国重点文物保护单位。东水关在清代曾一度成为"丐帮"聚居地,藏兵洞成了"藏丐洞",所以老南京人有"东关头的叫花子——成堆"的歇后语。2001 年在维修武定门时,意外发现南唐伏龟楼建筑基址。据文献记载,伏龟楼位于南唐金陵城东南隅,可登高远眺,起战略防御作用。伏龟楼在宋代被誉为"金陵第一胜境"。今在伏龟楼处开有小门,可作为登城通道口,并建有南唐城垣遗迹展览馆。另外,雨花门内曾通过铁轨与城外江南铁路相连接,但老的雨花门于 1959 年拆除,如今的雨花门是 2009 年刚刚开辟的。明城墙顶部最宽处为 19.75 m,也位于此段的西干长巷段。

(2) 历史概况及遗产分布

穿越中华门城堡的四重城门,是一道水面宽阔、碧波荡漾的杨吴城壕。隔着城壕,这里是更令人心驰神往的古长干里。早在春秋战国时代,长干里一带已经是南京人口最密集的地区,也是本地区经济命脉之所在。

南京建城史的开端——越城即筑于此，它是南京地区有确切年代可考的最早古城，也可以称作南京城市的发祥地。这里有被欧洲人称为"中世纪世界七大奇观"的大报恩寺琉璃宝塔，曾建有梵宫巨刹——大报恩寺院。漫步在长干里，市井繁华，人烟稠密，有李白名诗《长干行》："妾发初覆额，折花门前剧。郎骑竹马来，绕床弄青梅。同居长干里，两小无嫌猜……"也有《长干曲》："逆浪故相邀，菱舟不怕摇。妾家扬子住，便弄广陵潮。"

南京的"母亲河"秦淮河在此段东水关处分为两股，流向城外的为外秦淮河，作为城墙的既有护城河，如今主要是作为航运和排水之用；流入城内的为内秦淮河，俗称"十里秦淮"。内秦淮河素为"六朝烟月之区，金粉荟萃之所"，更兼十代繁华，被称为"中国第一历史文化名河"。今夫子庙地区之所以鼎鼎有名，并不仅仅因为它是孔庙和府县学的所在地，更因其在六朝时期就是繁华地带。当时的豪门世家，为了便于取得水上运输的生活必需品，差不多都聚居于淮水两岸。东晋时期地位显赫、钟鸣鼎食的王谢两大家族就曾经居住在古老的乌衣巷中。巷子西口不远处建于西晋初年的叠檐重楼式朱雀桥飞跨秦淮河上，桥的门楼上立有三尊展翅欲飞的紫铜铸朱雀。由于朱雀桥处于六朝都市生活的中心地带，张其昀先生曾经评价："其在历史上之地位，殆与英国泰晤士河之伦敦桥相似。"刘禹锡《乌衣巷》诗："朱雀桥边野草花，乌衣巷口夕阳斜。旧时王谢堂前燕，飞入寻常百姓家。"

朱雀桥、乌衣巷等部分六朝遗址尚存，至今仍吸引着各方人士寻觅六朝胜迹。唐代，许多诗人前来悼古，留下大量吟咏秦淮风光的传世佳作。五代杨吴时形成的河房水阁、曲巷重院的市井化格局至今保存。明清两代，尤其是明代，是"十里秦淮"的鼎盛时期，明末清初，秦淮八艳的事迹更是脍炙人口。1985年以后，江苏省、南京市拨巨款对这一风光带进行修复，秦淮河又再度成为中国著名的游览胜地。除了有中华门城堡（明为聚宝门）和东水关2处全国重点文物保护单位，还有夫子庙历史街区以及省级重点文物保护单位7处，市级文物保护单位12处，区级文物保护单位9处（表4-7，图4-9）。

5）通济门至太平门段

（1）城墙及护城河概况

此段城墙在东水关遗址公园处断开，通济门至标营门南段城墙被毁，城墙在标营门南沿月牙湖西侧一路北上，经中山门，后沿明陵路向北延伸，绕过前湖、琵琶湖，穿过紫金山与富贵山相连的龙脖子处，沿太平门路绕富贵山向西，在今白马公园旁遇龙蟠路被断开。中山门至太平门这一段深藏于钟山，犹如一条巨龙蜿蜒于绿林草莽之中，景色非常秀美。由南向北辟有标营门、中山门、后半山园小门、富贵山小门，护城河为月牙湖、前湖、琵琶湖。

太平门位于南京城墙的东北角，是南京城北面的正门，以南是朝

表 4-7 集庆门至通济门段分布遗产点概况

名称	地点	概况或时代	现状	级别
中华门城堡	中央路南端明城墙之正南门	明城墙规模最大之门，由三道瓮城、四通城门、二十七个藏兵洞等组成	世界上保存最完好的、结构最复杂的古代瓮城城堡	全国重点文物保护单位
东水关	通济门西侧	明初为控制秦淮河入城水量而建，由水闸、桥道、藏兵洞三部分组成	仅存下层11个藏兵洞。作为内外秦淮河的景观结合点	全国重点文物保护单位
大报恩寺及碑	古长干里，今中华门外的雨花路东侧	明初，大报恩寺与灵谷寺、天界寺并称金陵三大寺，报恩寺为三大寺之首。明永乐六年（1408年），寺塔全被毁于火	今有山门和宝塔为名的街巷，如北山门、南山门、宝塔根、宝塔顶，就是大报恩寺遗址	江苏省文物保护单位
贡院碑刻	金陵路1号	明代	由22通碑组成，记录江南贡院历史	江苏省文物保护单位
金沙井太平天国官衙建筑	金沙井34号、36号	太平天国建都天京后，在清末汪氏宅基上重建房屋作为官员办公的衙署，规模颇为壮观。后清地方政府将其作江宁府城隍庙和祠堂	现仍存五进，其中第一进、第二进属36号，第三至第五进及东面的附属建筑属34号。每进房屋的结构均为七架梁、五开间	江苏省文物保护单位
瞻园	瞻园路	明朝开国元勋徐达府内花园，乾隆南巡时曾来此游幸驻跸，并亲书"瞻园"，现仍嵌于园门上	保存较好	江苏省文物保护单位
文德桥	夫子庙泮池西	六朝时此处为浮桥，唐代始建木桥，明代才建石墩木架桥，1976年改钢筋混凝土桥面	与夫子庙的"泮池"和巨型照壁紧连	南京市文物保护单位
夫子庙遗址	夫子庙	明清	部分遗址被恢复，大部分得到保护	南京市文物保护单位
封至圣夫人碑	贡院西街53号夫子庙大成殿内	元代	碑身为青石，保存完好	南京市文物保护单位
江南制造局厂房遗址	中华门外正学路	为清末两江总督李鸿章创办，是南京地区第一座近代化工厂	现晨光机器厂内尚存一批旧屋。建厂标牌仍保存在拆迁后的厂房门额上	江苏省文物保护单位
俞通海兄弟墓	中华门外戚家山北麓，今晨光机器厂职工宿舍大院内	明将俞通海、俞通源、俞通渊三兄弟之墓	墓前原有神道、石柱、碑、石马、石人，现仅存石马一、石羊一、石柱一，并已挪位	南京市文物保护单位
白鹭洲鹫峰寺	白鹭洲公园内	明清	白鹭洲公园内书画展览室	南京市文物保护单位
淮清桥	建康路东	始见于东晋，原为城东"九曲清溪"上最大的桥梁，明清改称"淮清桥"	清嘉庆后重建为单孔石拱桥，至今历时近200年，保存较好	南京市文物保护单位
愚园（胡家花园）	胡家花园2号	明清	部分遗址建筑尚存，正在修复中	南京市文物保护单位
周处读书台	老虎头1号	西晋	现仅存镌有"周处读书台"的石门楼一座及已改为民居的房屋十数间	南京市文物保护单位

续表 4-7

名称	地点	概况或时代	现状	级别
秦大夫故居	长乐路57号、59号、61号	清代	有10进房屋保存较好	南京市文物保护单位
钓鱼台河房	钓鱼台192号	清代	现存西院前后两进和东院后进,另临河建有四角攒尖顶亭一座。建筑现已空置多年,破损不堪	南京市文物保护单位
泾县会馆	大百花巷13—15号	创立于清嘉庆年间,至咸丰年间仍有扩建,主要服务于外地士子,为明清时徽商在南京设立的众多会馆之一	古建尚存,保护不佳	南京市文物保护单位
桃叶渡古遗迹	建康路淮清桥桃叶渡	晋代	今渡口处立有"桃叶渡碑",并建有"桃叶渡亭"	秦淮区文物保护单位
石狮子	方家巷	两头明代石狮原属于五香庙	经拆迁发现后已被妥善保管	秦淮区文物保护单位
来宾桥	西街85—87号	明代	无遗存	秦淮区文物保护单位
九龙桥	通济门外	始建于明初,与通济门毗连,又称通济桥,为五拱石桥	1937年为阻日本侵略军进城,曾将中间大拱炸断,1966年重新修建	秦淮区文物保护单位
西街古建筑群	西街123号	明清	保存着瓮堂、金斗会馆、见子桥、沈家粮行等古建,其余古建大部分已被拆除	江苏省文物保护单位
石牌三块	老虎头44号	吴敬梓登临周处读书台时留下"昔者周孝侯,奋身三恶除。家本罨画溪,折节此读书"名句的遗迹	现已变成"七十二家房客"的公租房、违建房	秦淮区文物保护单位
马道街古建筑	马道街6号、7号、9号、45号、161号	清代	1992年以来大部分古建已遭破坏	秦淮区文物保护单位
石碑两块	白鹭洲公园	为明清时期石碑。"节义清廉碑"是明初开国皇帝朱元璋为表重臣徐达而御赐的石碑。"筹措朝考盘费"碑是记述李鸿章、左宗棠自掏腰包搞"希望工程"的事迹	经抢修后保存较好	秦淮区文物保护单位
鹰福街古建筑	鹰福街107号、109号	清代	大部分被破坏,正被复建	秦淮区文物保护单位
光宅寺	老虎头44号	南朝梁	逐渐恢复寺院景观	南京市文物保护单位
朱雀航遗址	镇淮桥东	晋代	如今已被改建成一座现代化的钢筋水泥大桥	秦淮区文物保护单位
程先甲故居	大百花巷11号	清中晚期	现为民居,颇为破败	江苏省文物保护单位

图 4-9 集庆门至通济门段部分廊道遗产资源

阳门，西北方向是神策门。因为明代南京刑部、都察院和大理寺（合称"三法司"）监狱就在门外贯城坊，相传夜间哀声四起，为此将城门命名为"太平"。

太平门处在钟山与玄武湖相接的位置，建在钟山向西延伸的富贵山、覆舟山之间，有山湖之险。太平门东面的钟山被称作"蟠龙"，这一段城墙被称为"龙脖子"。太平门扼守钟山，对于控制南京北部至关重要，且龙脖子一带是南京城唯一没有水体保护的城墙。因此，太平门其实并不太平，清军进攻太平天国和日军围攻南京时，这一带都是主要的攻击方向。太平天国时，在门外钟山脚下修筑地堡城、山上筑天堡城以拱卫太平门，这两个要塞陷落后，清军在龙脖子处用地道炸开城墙，攻入南京。1911年辛亥革命时，江浙联军也是攻占天堡城后攻入南京。1931年，太平门一度被改名为自由门，1958年被拆除。如今的太平门已被开辟为龙蟠中路，在城垣遗址上建成金陵御花园和太平花园等小区；太平门外侧为玄武湖公园和白马公园，内侧为太平花园小区和斯亚花园小区。

中山门位于明代朝阳门原址以北。1366年，朱元璋向东北两面拓展南京城时修建朝阳门，因其位于南京城东，最先迎接太阳而称朝阳门。当时城门为单孔券门，门外还有一道。此门是瓮城连接城内的宫城和城外明孝陵的通道，太平天国和曾国藩的湘军曾经多次在此激战。辛亥革命时，江浙联军也是从这里进攻南京城。民国时，为迎奉孙中山先生的灵柩归葬中山陵，南京国民政府将门洞狭小的朝阳门拆除，挖低门基，改筑为三孔券门。1928年7月，南京国民政府将七处城门改名，并加以整修，其中朝阳门即改名为中山门，并沿用至今。中山门是南京城门开筑三孔券门之始，具有纪念孙中山先生的意义，现已成为沪宁高速公路进入南京主城区的东大门。

另外，据勘察资料显示，明城墙现存段落中最高部为 26 m，位于琵琶湖；最窄处仅为 2.6 m，位于富贵山西侧。

（2）历史概况及遗产分布

此段在中山门内，今中山东路南北两侧曾是原明朝皇城（又称明故宫）所在地。明故宫是明朝的皇宫、北京故宫的蓝本，是中世纪世界上最大的宫殿，被称为"世界第一宫殿"，占地面积超过 100 万 m^2，是世界文化遗产。明故宫有门四座，南为午门，东为东华门，西为西华门，北为玄武门。入午门为奉天门，内为正殿奉天殿，殿前左右为文楼、武楼；后为华盖殿、谨身殿；内廷有乾清宫和坤宁宫，以及东西六宫。今明故宫早已被毁，只留下遗址和部分遗迹。今辟有明故宫遗址公园、午朝门公园、东华门遗址广场和西华门遗址广场。

城墙沿中山门北上，于南京最著名的山脉钟山脚下绵延，与月牙湖、前湖、琵琶湖相依，形成山、水、城、林于一体的景观。

钟山古称金陵山，汉代开始称钟山，东吴时曾一度称蒋山。紫金山之名始于东晋，因山顶上经常出现紫色的云彩，故以名之。钟山属于宁镇山脉东段，从地质构造特点来看，钟山余脉应向西延伸，城墙之内的富贵山、九华山、北极阁、鼓楼岗、五台山直至清凉山均可归属之。紫金山历经千年而郁郁葱葱，纳十朝君王和英雄豪杰而松青柏翠，融多元文化和数种天工而卓然于众山之中，囊"六朝文化、明朝文化、民国文化、山水城林文化、生态休闲文化、佛教文化"系列于一山之中，是为"中华城中人文第一山"。

紫金山周围名胜古迹甚多，山前正中有中山陵；西有梅花山、明孝陵、廖仲恺何香凝墓；东有灵谷公园、邓演达墓；北有明代徐达、常遇春等陵墓。六朝时代，山上的庙宇很多，现仅存灵谷寺一处。此段共分布有2处世界文化遗产——明孝陵和吴良、吴祯、吴忠墓，5处国家级重点文物保护单位——中山陵、廖仲恺何香凝墓、明故宫遗址、国民革命军阵亡将士纪念塔和谭延闿墓，其余还有江苏省文物保护单位9处——众多明代将领和民国重要人士的陵墓及府邸旧址等，市级文物保护单位3处，区级文物保护单位2处（表4-8，图4-10）。

表4-8 通济门至太平门段分布遗产点概况

名称		地点	概况或时代	现状	级别
中山陵	博爱坊	中山陵墓道的入口处	中门横楣上刻有孙中山手书"博爱"二字	大部分保存较好或经重建和复建后保存较好	全国重点文物保护单位
	陵门	陵墓入口处	坐北朝南，为包含三个拱门的歇山顶建筑，上方石额镌刻孙中山手书"天下为公"四字		
	碑亭	陵门北	花岗石方形建筑，亭顶为重檐九脊，蓝色琉璃瓦		
	祭堂	祭堂大平台正中	中山陵主体建筑		
	墓室	与祭堂有甬道相连	其中石塘下安放孙中山先生遗体，石塘上安放孙中山先生卧像		
	墓堡花园	墓室外	后墙设有中山陵建设史料展		
	宝鼎	博爱坊南	紫铜宝鼎，为戴传贤和台湾中山大学师生捐赠		
	音乐台	中山陵前广场南面	美国旧金山华侨和辽宁省政府集资捐赠，为扇形露天音乐台		
	光华亭	中山陵墓东面小山丘上	著名建筑家刘敦桢设计，华侨赠款建造		
	流徽榭	中山陵至灵谷寺的公路南侧	1932年，由中央陆军军官学校捐款建造，陵园工程师顾文钰设计		

续表 4-8

名称		地点	概况或时代	现状	级别
中山陵	仰止亭	流徽榭以北的梅岭上	由叶恭绰选址捐建，著名建筑家刘敦桢设计	大部分保存较好或经重建和复建后保存较好	全国重点文物保护单位
	藏经楼——孙中山纪念馆	中山陵与灵谷寺之间的密林幽谷之中	抗日战争前，由中国佛教会发起募款建造，为仿清代喇嘛寺古典建筑		
	中山铜像	藏经楼前花台的像座上	由孙中山先生的日本好友梅屋庄吉先生出资铸造，1929年捐送		
	碑廊	主楼后	镶嵌有138块河南嵩山青石碑，镌刻有三民主义全文。1937年日军侵占南京时被毁坏，"文化大革命"期间再遭破坏，后被国家及省、市政府修葺		
	桂林石屋	藏经楼以东的密林中	1932年由广州市政府捐建。日军侵华期间被毁，现存一片建筑遗址		
	行健亭	位于中山陵西南，陵园路与明陵路的交叉口	由广州市政府捐建		
	永丰社	行健亭的对面	由中央陆军军官学校捐资，毁于日占期间		
	革命历史图书馆	中山陵西侧，行健亭东	抗日战争前为收藏辛亥革命史料的小型图书馆，后曾是中山陵园管理委员会办公室		
	温室	陵园石像路的北部，现中山陵园管理局花圃场内	1929年，由汉口总商会捐款建造		
	永慕庐	中山陵东北的小茅山顶万福寺古刹旁	为孙中山先生家属守灵处		
明孝陵		南京中山门外紫金山独龙阜玩珠峰	明太祖朱元璋和皇后马氏的合葬陵墓	保存较好	世界文化遗产
廖仲恺何香凝墓		紫金山西茅峰西南麓	1926年，由国民党中央执行委员会筹建，著名建筑师吕彦直设计	保存较好	全国重点文物保护单位

续表 4-8

名称	地点	概况或时代	现状	级别
范鸿仙墓	紫金山东侧，马群街道以北五棵松处	与廖仲恺墓一起作为中山陵的"附葬"而建。"文化大革命"期间遭严重破坏	1973年江苏省政府将其重建	江苏省文物保护单位
韩恢墓	南京市中山门外卫桥以东	建造于1928年，是南京东郊安葬最早的民国要人之墓	"文化大革命"期间遭严重破坏，1988年修复此墓时，已无法恢复原墓道和原墓冢	南京市文物保护单位
定林寺陆游摩崖题刻	钟山定林寺遗址、今紫霞洞外石壁上	建于南朝宋元嘉年间，北宋时改称定林庵，为金陵名刹。陆游在南宋1165年游览定林庵时题刻	保存较完好	江苏省文物保护单位
明故宫遗址	南京中山门内	明朝皇宫，城分内外二重，外曰皇城，内曰宫城	明故宫现存遗迹，计有午门（俗称午朝门）、西华门、东华门三座门的基座，内外五龙桥、玄津桥等几座桥券，以及奉天门等建筑的石柱础。现有明故宫遗址公园、午朝门公园、东华门遗址广场和西华门遗址广场	全国重点文物保护单位
灵谷寺无梁殿	南京东郊紫金山南麓下的灵谷寺	明初金陵的著名大刹。今尚遗有一座砖构的宏大殿堂，因其结构均采用砖墙及拱券而不施寸木，习称之"无梁殿"，为国内现存同类建筑中时代最早、规模最大者	于清末太平天国之役"半就摧毁"，后人修葺。1931年，南京国民政府将无梁殿改建为国民革命军阵亡将士公墓的祭堂，现被辟为辛亥革命名人蜡像馆	江苏省文物保护单位
国民革命军阵亡将士纪念塔	灵谷寺灵古塔	1929年	2004年经整修保存较好	全国重点文物保护单位
明天坛遗址	石门坎乡将军潭东侧	明初天坛所在地	仅存天坛梗即明初天坛外院墙	雨花台区文物保护单位
古（明清）天文仪器	紫金山	紫金山天文台大台附近的平地上	共五件，其中，明制三件，清制两件	江苏省文物保护单位
国立紫金山天文台旧址	紫金山第三峰	建于1934年9月，是中国自己建立的第一个现代天文学研究机构	保存较好	南京市文物保护单位
太平天国天保城、地保城遗址	南京城东北紫金山西峰，即今紫金山天文台内	太平天国时期修筑的为保卫天京城防的两个重要军事要塞	天保城遗址尚存石垒墙基一座；地保城遗址尚存一条壕沟以及一些大石块和石构残件等	天保城遗址被公布为江苏省文物保护单位

续表 4-8

名称	地点	概况或时代	现状	级别
常遇春墓	太平门外钟山第三峰西麓白马村	常遇春为明开国功臣,以骁勇善战著称	墓前尚有墓碑一、石望柱一、石马二、石羊二、石虎二、武将二	江苏省文物保护单位
吴良、吴祯、吴忠墓	岗子村新世界花园小区内	明代开国功臣之墓	墓园内有一口井,神道,石刻若干	世界文化遗产
谭延闿墓	中山陵东南的灵谷寺与邓演达墓之间	谭延闿为国民党元老,曾任民国时期国民政府行政院院长	有一碑池,池中赑屃驮一石碑,上书"灵谷深松"	全国重点文物保护单位
邓演达墓	灵谷寺东	建于1957年	保存较好	江苏省文物保护单位
中和桥	光华门外	始建于明初,光绪年间重建成五拱大石桥,民国时曾予以改建	1965年拆除,在其上游80 m处重建成钢筋水泥梁桥	秦淮区文物保护单位
蒋陵(孙权墓)	梅花山下	为南京地区最早的一座六朝陵墓	陵墓的建造规模、范围、神道、石刻等未见痕迹	江苏省文物保护单位
孙科公馆旧址	中山陵8号	建于1948年	位于南京军区东苑宾馆,旧址为宾馆附属绿地	江苏省文物保护单位
半山园	中山门内,后宰门街东	原为北宋名相王安石所构筑	现有建筑为清末重建,布局疏朗,环境优雅	南京市文物保护单位

6）太平门至神策门段

(1)城墙及护城河概况

这段城墙位于南京老城东北部,毗邻紫金山,除太平门在20世纪80年代被毁,其余城墙保持贯通,全长大约为5.6 km,是南京城墙中最长、保存最完好、最高大的一段。但这段城墙其实包含两段：一段自解放门往鸡鸣寺方向,是约100 m的废弃城墙,俗称"盲肠"。如前所述,朱元璋建造城墙最初的方案是沿鸡鸣寺、鼓楼岗一带与南唐旧址城墙相接,后出于军事地形的考虑,放弃此段城墙,而改道沿后湖(今玄武湖)北上绕狮子山南下,濒临长江天险,使南京城市范围由此扩大了1/3。因废弃的这段城墙距六朝时的建康宫不远,被民间俗称为"台城",今建有南京明城垣史博物馆。改道后的太平门至神策门段城墙,以玄武湖为护城河,如今大部分位于玄武湖公园内,景观质量佳。

此段有明13座城门之一的神策门,神策门上留有南京现存的唯一一座老城楼(清光绪年间重建,明代的已被毁)。神策门历史上也经历了很多战火,规模最大的一次是郑成功北伐,败绩于神策门下。此战役过后,神策门被清廷改名为得胜门。太平天国攻打南京时,在神策门也进行过激烈的战斗。另外,1854年还发生过潜伏在太平军中的清军间谍张继庚

中和桥	吴良、吴祯、吴忠墓	无梁殿	蒋陵
太平天国天保城遗址	谭延闿墓	碑亭	国民革命烈士之灵位
博爱坊	陵门	孙中山先生墓室	半山园
音乐台	灵谷塔	明故宫奉天殿遗迹	午朝门公园内石刻
明故宫内奉天桥和御龙河遗址	明孝陵	韩恢墓	孙科公馆旧址
国立紫金山天文台旧址	邓演达墓	古天文仪器	常遇春墓

图 4-10 通济门至太平门段部分廊道遗产资源

图谋打开神策门迎清军进城未遂的事件。

1910年，两江总督端方筹办南洋劝业会，为了增加游览景点，方便人们游览玄武湖，决定新辟城门通向玄武湖，并将玄武湖辟为"五洲公园"对外开放，后由继任总督张人骏负责，因张人骏籍贯河北丰润，故将此门命名为"丰润门"。1928年7月，丰润门更名为玄武门，并沿用至今。刚辟时为单孔券门，1931年玄武门改建为三孔券门，现为玄武湖公园大门。

（2）历史概况及遗产分布

太平门至鸡鸣寺一带是著名的南朝皇家园林遗址地，这一代的皇家园林建设历经吴、东晋、宋、齐、梁、陈共六朝，共有30多位皇帝，其中不乏风流才子，有300多年的园林历史，最著名的是"华林园"和"乐游苑"。多年来，北京东路北侧的建筑高度一直受到控制，原因一是为了保护玄武湖南面景观，原因二是要建立"六朝宫苑风光带"。这个景观视线走廊东起鼓楼，经北极阁、鸡鸣寺、覆舟山、富贵山至紫金山。南朝皇家园林面向大自然，比起秦汉时期的皇家园林大都建设在深墙大院之内，是个了不起的转折。现存玄武湖内的"梁洲""翠洲"等几个岛屿就是当年南朝帝王建设的。

南北朝时期，首次出现了纯粹的自然风景审美，以此发展起来的"中国自然审美模式"在世界艺术史上独树一帜。紫金山与玄武湖相接处，古称"覆舟山"（今称九华山），就是体现这种山水审美意识的主要代表场地。这里是中国历史文化转折点的发生地，曾有白水苑、甘露亭、藏冰井、瑶台等名胜建筑，在中国历史上留下了辉煌的一页。但六朝风流在南京市区内早已难觅踪影，唯有这一角落还有一点昔日"水村山郭酒旗风"的遗韵。此段城墙周边文物古迹丰富，大部分集中于玄武湖、鸡鸣寺、九华山一带，除有武庙闸和神策门2处国家级文物保护单位外，还有3处省级文物保护单位，5处市级文物保护单位（表4-9，图4-11）。

7）神策门至狮子山段

（1）城墙及护城河概况

此段城墙只保留了神策门至钟阜路一段大概1000余m的城墙遗迹和新民门处25m的城墙遗迹，分别是南京城墙遗迹最长的一段和最短的一段，其余几乎全部被毁，只留下护城河走向依然清晰。

金川门为明代所建的13座城门之一，因金川河由此出城（旧有金川门涵洞）而得名。其位于南京老城城北，是南北向城门，向南为南京老城城内，向北出城，东至神策门（今和平门），西至钟阜门。金川门外明代建有金川桥一座，城门附近设有水关，1957年金川门被拆除，现在只保留金川门地名；金川门桥几次重修，于2004年重建完毕，其连接了铁路北街和金川门外大街，同年在金川门遗址北侧建立石碑以示纪念。

钟阜门为明代南京京城13座城门之一，明洪武初年（1368年）称东门，明洪武十一年（1378年）改东门为钟阜门，因其遥对钟山（亦称钟阜）而得名。位于南京城北，坐西向东，南至金川门界，北至仪凤门界。

表 4-9 太平门至神策门段分布遗产点概况

名称	地点	概况或时代	现状	级别
武庙闸	玄武湖公园内	明初在修建城墙时，在墙基里预埋涵管，设闸引玄武湖水入城，当时叫通心水坝	两套水闸及部分铜铁水管现均藏于南京市博物馆内	全国重点文物保护单位
武庙	北京东路43号	即关帝庙、英烈庙，是同文庙相对的中国古代礼制建筑。建于明朝，清末重建	至今尚存，是一组完整的古建筑群，现为南京市政府东大院	南京市文物保护单位
古观象台遗址	北极阁2号	南朝宋时期建有"日观台"，为南京最早的气象台。中国著名的元代天文学家郭守敬发明创造的侧天仪就置放在此。清朝被毁	民国中央研究院气象研究所在旧址上建有气象台，现为江苏省气象局	江苏省文物保护单位
郭璞墩	玄武湖环洲	西晋	玄武湖内一景点，主要由郭璞雕像和衣冠冢两部分组成	南京市文物保护单位
台城	鸡鸣寺路北，玄武湖南岸	东端与明都城相接，西端为一断壁，由于这里距六朝时代的建康宫不远，后人把这段城墙称为台城	全长253.15 m，可登临，东眺钟阜，仰观鸡笼，北瞻后湖	南京市文物保护单位
鸡鸣寺	鸡鸣寺路3号	西晋永康元年（300年），始建道场。明洪武二十年（1387年）拆除庙宇，始建寺院，起名鸡鸣寺	1979年国家拨款重建鸡鸣寺，重开佛事	南京市文物保护单位
九华山三藏塔	九华山顶	建于1942年，因为山顶有一座葬有唐高僧玄奘顶骨的三藏塔而成为佛教的一处圣地	保存较好	南京市文物保护单位
宋子文住宅旧址	北极阁1号	始建于1933年宋子文任南京国民政府财政部长期间，抗日战争胜利后重建。由杨廷宝建筑师设计	今为南京市科学技术协会执行所	江苏省文物保护单位
李宗仁公馆旧址	傅厚岗30号	民国	今为江苏省省级机关第一幼儿园	江苏省文物保护单位
神策门	南京市中央门立交桥东南角	明城墙13座城门之一，由于作为军事禁区被封闭了70多年，是保存最完整的一座城门	现名和平门	全国重点文物保护单位

明成化以前与仪凤门一道被堵塞，之后明清时期均未开通（另有一说清初开钟阜门，但与旧志不合）。不过在明南京京城13座城门中，最早被堵塞的城门，正是这两座城门。该城门于20世纪50年代被拆除，仅留钟阜门的城门名，并沿用至今。

中央门位于南京市鼓楼区东北部，1933年破墙开路以便利城北交通，后取名中央门。中央门于20世纪50年代因妨碍中央路拓宽被拆除，但是中央门至今仍作为该片地区的地名使用。

（2）历史概况及遗产分布

此段处于南京城北，封建社会时期的南京城基本囿于城墙的限制在

 武庙闸
 郭璞墩
 台城

 南京市明城垣史博物馆
 武庙遗址
 古观象台遗址

 和平门
 宋子文住宅旧址
 九华山三藏塔

 鸡鸣寺
 李宗仁公馆旧址

图 4-11 太平门至神策门段部分廊道遗产资源

城墙内部发展，即使在民国时期，南京建成区的范围仍然在明代都城轮廓内，城市建设的中心在鼓楼以南和中山北路沿线，明城墙围合的老城内空地仍然占 1/3 左右。中华人民共和国成立后，随着城市化进程的加快，南京城才逐渐向城市北部扩张。因此，此段城墙除了有金川门遗址、新民门遗址和中央门遗址以及中央门至钟阜路 1 000 余 m、新民门处 25 m 的城墙遗迹，几乎没有其他遗产资源。

4.3.3 非物质文化遗产判别

非物质文化遗产又称无形文化遗产，它们是人们世代相传，与人们生活息息相关的各种传统文化的表现形式。它们是地域文化的"魂"，包含着影响地域文化的 DNA（脱氧核糖核酸）。

南京非物质文化遗产极富特色，明城墙周边也聚集了众多珍贵的非物质文化遗产，南京市非物质文化遗产馆即设在南捕厅 15 号。结合相关资料，明城墙周边市级非物质文化遗产主要包括民间音乐类，如古琴艺术（金陵琴派）；传统戏剧类，如皮影戏；曲艺类，如南京白局、南京评话、南京白话；民间美术类，如南京剪纸、秦淮灯彩、南京仿古牙雕、南京仿古木雕、金陵竹刻、戏剧脸谱、南京瓷刻；传统手工技艺类，如金陵刻经印刷技艺、传统金银饰品工艺、天鹅绒制造技艺、绒花制作技艺、绿柳居素菜烹制技艺、南京钟制造工艺、秦淮风味小吃加工制作技艺；传统医药类，如灵芝文化传承及应用；杂技与竞技类，如抖空竹；民俗类，如秦淮灯会、妈祖庙会、南京赏梅习俗、蒋王庙庙会、夫子庙花鸟鱼虫市场、南京老地名等。

5　遗产资源评价与界定

明城墙遗产廊道是一个以明城墙为主体遗产资源,整合周边文化遗产的功能多元化、形式多样化的复杂系统。通过前文对廊道遗产资源的普查和调研得知,明城墙及周边聚集了众多在南京城市发展历史长河中各个阶段和时期的历史遗存。从城市起源到历史上几次在南京定都,这些遗产资源节点分布广泛,构成了一个复杂的体系。如何将众多的遗产资源进行有效的整理、评价与归类是廊道构建的关键问题。传统的文化遗产研究方法难以满足遗产区域、遗产廊道这种大尺度遗产类型的深入研究,因此,为了对城墙沿线众多遗产资源进行深入评价与分析,在遗产廊道的构建和保护中,需要引入现代科学的理论与方法作为指导。本章在分析南京市文化遗产资源的概况、分类、特色及空间分布状况的基础上,遵循客观性、科学性、可操作性原则,选取评价指标因子,构建明城墙遗产廊道遗产资源的评价指标体系,引入决策方法中的层次分析法作为综合评价方法对其进行定量分析,计算出明城墙遗产廊道遗产资源的权重,再运用模糊积分法对每项资源进行评价打分,得到遗产资源的综合得分情况,最后根据综合得分结果和实际情况对南京明城墙遗产廊道遗产资源进行评价与界定。

5.1　层次分析法的原理与特点

层次分析法(Analytic Hierarchy Process,AHP),是美国运筹学家萨蒂于20世纪70年代提出的一种定性分析与定量分析相结合的多目标决策分析方法。层次分析法是将系统的复杂问题中的各种因素,通过划分为相互联系的有序层次,使之条理化,根据对一定客观现实的判断就每一层次相对重要性给予定量表示,利用数学方法确定表达每一层次的全部元素的相对重要次序的权值,并通过排序的结果分析和解决问题的一种决策分析方法。

层次分析法可以对非定量事件做定量分析,以及对人的主观判断做出定量描述。该方法适用于多目标、多因素、多准则、难以全部量化的大型复杂系统,对目标(或因素)结构复杂并且缺乏必要数据的情况也比较适用(王肖宇,2009)。

该方法的基本原理是首先将决策目标分解为不同的组成因素或评价指标，并以不同层次进行聚集组合，形成一个多层次的、有明确关系的、条理化的分析评价结构模型。通过构建以1至9比率法表示的判断矩阵，同时计算出判断矩阵的最大特征根以及相应的特征向量，求出某层因素相对于上层某一因素的相对重要性的权值。这是一种定性与定量分析相结合的计算权重的方法。应用这种方法，决策者通过将复杂的事物或者问题分解成若干个层次或若干个因素，在各个因素之间进行简单的判断比较和计算，就可以对不同的对象或方案提供评价，并做出决策。

层次分析法有不同于其他决策分析方法的突出特点：①原理简单。其原理清晰、简明，易于被大多数领域的学者所接受；②结构化、层次化。将复杂的问题转化为具有结构和层次关系的简单问题求解；③理论基础扎实。层次分析法建立在严格的矩阵分析方法上，有扎实的理论基础；④定性与定量相结合。大部分复杂的决策问题都同时含有许多定性与定量的因素，层次分析法契合了人们对这类决策问题研究的需要。

5.2 层次分析法的分析步骤

应用层次分析法解决复杂问题的基本思路是，将决策目标按总目标、子目标、评价标准等顺序分解为不同层次的结构，然后利用求判断矩阵特征向量的方法，求出每层次的各元素对上层次某元素的权重，最后用加权和的方法递阶归并，求出各方案总目标的权重。权重越大，该因素越重要，权重最大者即为最优方案。一般来讲，有六个步骤：明确问题、建立层次结构模型、构造判断矩阵、层次单排序及一致性检验、层次总排序及一致性检验、最终决策。

1）建立层次结构模型

运用层次分析法进行系统分析时，首先是把系统所包含的因素进行分组，每一组作为一个层次，按照最高层、若干有关的中间层和最低层的形式排列起来，构成一个各因素之间相互联结的层次结构模型。因素的分类要由具体问题的分析而定，没有固定的模式，但一般情况下，可以考虑如图5-1所示的层次结构模型。在图5-1中，最高层表示解决问题的目标，即应用层次分析法所要达到的最终目标；中间层表示采用某

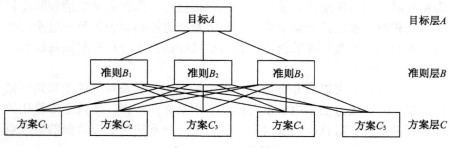

图5-1 层次结构模型

种措施和政策来实现预定目标所涉及的中间环节，一般又分为策略层、约束层、准则层等，图5-1中采用的是准则层；最低层表示解决问题的措施或政策（即方案）。图中方框之间的连线表示在不同层次的因素之间存在关系。

2）构造判断矩阵

层次分析法的数据信息基础是人们对每一层次各因素的相对重要性给出的判断。将这些判断用数值、用矩阵的形式表示出来就是判断矩阵。

判断矩阵中各元素表示针对上一层次某因素而言，本层次与之有关的各因素之间的相对重要性。比较每一个下层相关元素 B_i、B_j 之间对于上层某元素 A_k 的相对重要性，即构成下一组多元素的判断矩阵 **B**（表5-1）。

表5-1　各元素相对重要性的判断矩阵

A_k	B_1	B_2	B_j	B_n
B_1	B_{11}	B_{21}	...	B_{1n}
B_2	B_{21}	...	...	B_{2n}
B_i	B_{i1}	...	B_{ij}	...
B_n	B_{n1}	B_{n2}	...	B_{nn}

其中，B_{ij} 是对于 A_k 而言，B_i 对 B_j 的相对重要性的数值表示。B_{ij} 是 B_i 与 B_j 的比值，通常用表5-2所示的1—9比例标度法规定量化指标。

表5-2　比例标度法

两元素对上层元素的影响比较	相等	稍微重要	明显重要	强烈重要	极端重要
矩阵中对应结点 B_{ij}	1	3(1/3)	5(1/5)	7(1/7)	9(1/9)

由上述可得，任何判断矩阵都应满足 $B_{ij} = 1/B_{ji}$，且 $B_{ii} = 1$（$i, j = 1, 2, 3, \cdots, n$）。事实上，对于 n 阶判断矩阵，仅需要对 $n(n-1)/2$ 个矩阵元素给出数值（郝勇等，2007）。

3）层次单排序及一致性检验

层次单排序即将每层内的元素进行排序。根据某一层次的判断矩阵，利用和积法或方根法，计算出该层次各因素之间对上一层次某因素的相对重要性的权值，然后根据权值排列次序。

层次单排序可以归结为计算判断矩阵的特征值和特征向量的问题。即对于判断矩阵 **B**，计算满足 $BW = \lambda_{\max}W$ 的最大特征值 $\lambda_{\max}$ 和对应的、经过归一化的特征向量 **W**，其中特征向量 $W = (W_1, W_2, \cdots, W_n)$，就是 $B_1, B_2, \cdots, B_n$。对于上一层次元素 A_k 的单排序的权值，**W** 的元素和 A_k 的下层各元素是一一对应的。

这里涉及如何判断矩阵的最大特征值 $\lambda_{\max}$ 及其特征向量 **W** 的计算问题，也是层次分析法中的主要计算问题。一般有两种计算方法：和积法与方根法。本书采用的是和积法。

和积法计算步骤如下:

(1) 将判断矩阵按列归一化:

$$\overline{B_{ij}} = \frac{B_{ij}}{\sum_{k=1}^{n} B_{kj}} \quad (i, j = 1, 2, \cdots, n)$$

(2) 每列归一化后的判断矩阵按行相加:

$$\overline{W_i} = \sum_{j=1}^{n} \overline{B_{ij}} \quad (j = 1, 2, \cdots, n)$$

(3) 对向量 $\overline{W} = [\overline{W_1}, \overline{W_2}, \cdots, \overline{W_n}]^T$ 归一化:

$$W = \frac{\overline{W_i}}{\sum_{j=1}^{n} \overline{W_j}} \quad (i, j = 1, 2, \cdots, n)$$

得到的 $W = [W_1, W_2, \cdots, W_n]^T$ 即为所求特征向量。

(4) 计算判断矩阵最大特征值:

$$\lambda_{max} = \sum_{i=1}^{n} \frac{(AW)_i}{nW_i}$$

式中,$(AW)_i$ 表示向量 AW 的第 i 个分量。

而最大特征值 λ_{max} 是用来检验判断矩阵 B 的一致性。检验判断矩阵的一致性就是检验其合理性,由于在进行因素的两两比较时的价值取向和定级技巧等原因,可能会出现甲比乙重要、乙比丙重要、丙比甲重要的逻辑错误和重要性等级赋值的非等比性等情况,因此必须对判断矩阵的合理性程度以及可接受性进行鉴别。通常,定义一致性指标

$$CI = \frac{\lambda_{max} - n}{n - 1}$$

来衡量判断矩阵的不一致程度。一般情况下,$CI > 0$,即 $\lambda_{max} > n$。CI 越小,表示一致性越好,即 λ_{max} 稍微大于 n 就是满意的。当 $CI = 0$ 时,则 B 完全一致,这时判断矩阵有最大特征值 n,及满足 $\lambda_{max} = n$。在实际操作中,判断矩阵 B 是否具有一致性,是将 CI 与平均随机一致性指标 RI 进行比较。一般 RI 的值如表 5-3 所示。而如果 n 的数值较大,就需要通过计算得出 RI 值。

表 5-3 平均随机一致性指标

矩阵阶数	1	2	3	4	5	6	7	8	9
RI	0.00	0.00	0.58	0.90	1.12	1.24	1.32	1.41	1.45

一阶、二阶判断矩阵总是具有一致性,所以不必检验。当判断矩阵

的阶数大于 2 时，记 $CR=CI/RI$ 为判断矩阵的随机一致性比例。如果 $CR<0.10$，就认为矩阵具有满意的一致性，可根据 W_1，W_2，…，W_n 的大小对 B_1，B_2，…，B_n 排序；否则需要调整判断矩阵，重新估计 B_{ij}，再进行检验。

4) 层次总排序及一致性检验

当针对上一层次 A 中 m 个因素 A_1，A_2，…，A_m，逐个对 B 层次中的 n 个因素 B_1，B_2，…，B_n 进行单排序（即进行了 m 次单排序）后，就可以利用这些结果对整个 A 层次得到 B_1，B_2，…，B_n 的一组权值，作为 B 层次各因素按重要性排序的依据，这就是层次总排序。

层次总排序是逐层间的元素排序，从上到下、顺序逐层，计算同层各元素对于最高层的相对重要性权值。由于最高层就是一个元素，所以最高层下面的一层单排序就是总排序。例如，C 层元素通过 B 层元素对 A 层元素的重要性可以表示成如表 5-4 矩阵的形式。

表 5-4 C 层元素通过 B 层元素对 A 层元素的相对重要性矩阵

层次 B 元素		B_1	B_2	B_i	B_m	C 层总排序
层次 B 权值		B_1	B_2	B_i	B_m	
层次 C 元素	C_1	$C_1(1)$	$C_1(2)$	…	$C_1(m)$	$\sum B(i)C_1(i)$
	C_2	$C_2(1)$	$C_2(2)$		$C_2(m)$	—
	C_i	…	…	$C_i(i)$ 权值	…	—
	C_n	$C_n(1)$	$C_n(2)$	…	$C_n(m)$	—

对层次总排序也要进行一致性检验。记对 A_k，行 B 层次单排序的一致性指标是 CI_k，相应的平均随机一致性指标是 RI_k，则定义总排序的一致性指标和总排序的平均随机一致性指标：

$$CI = \sum_{k=1}^{n} A_k CI_k$$

$$RI = \sum_{k=1}^{m} A_k RI_k$$

如上所述，当 $CR = CI/RI \leqslant 0.10$ 时，认为层次总排序的一致性是满意的。

5) 最终决策

按层次分析法一层一层往下进行总排序，最终可得备选方案的总排序，从而确认最佳方案。

5.3 合理性与可行性分析

从系统科学的角度来看，明城墙遗产廊道是一个资源整合的整体系统,具有系统的最基本特点,它所涉及的资源节点不仅数量大、类型众多,而且相互之间具有一定的关联。对于南京明城墙遗产廊道的构建,应在以明城墙为核心主题的前提下,对明城墙遗产廊道遗产资源进行普查和调研,进而对遗产资源进行评价与界定,并提炼遗产廊道遗产资源的主题和特色。明城墙遗产廊道内的文化遗产资源众多,如何取舍这些资产资源,如何确定遗产廊道的遗产节点,如何对众多遗产资源进行分析、决策并界定等,是构建明城墙遗产廊道的关键问题。由于遗产廊道本身具有尺度大、情况复杂的特点,且本身同时含有很多定性和定量的因素,因此层次分析法是现代决策分析方法中定性与定量相结合,解决复杂系统问题的一种相对比较科学有效的方法。

事实上,层次分析法是给分析、综合这种思考过程提供了一种数学表达及数学处理的方法,是一种思维工具。遗产廊道遗产资源的分析评价是一个受多因素影响的系统工程,各因素之间的关系错综复杂。而层次分析法的本质是使人的思维条理化、层次化,它充分利用人的经验,并予以量化,进行排序,帮助辅助分析和决策。本书结合遗产廊道自身特点,借助层次分析法科学地建立明城墙遗产廊道构建的层次结构模型,使评价过程更加科学,评价结果更加可信。因此,此方法是合理可行的。

5.4 遗产资源评价的过程

文化资源评价有定性和定量两种评价模式。单纯使用定性评价模式,主观性太强,结论的实用性较低;单纯使用定量评价模式,可操作性较为欠缺。本书将根据南京明城墙遗产廊道遗产资源的特点,选用德尔菲法(Delphi Method)与层次分析法相结合的旅游资源综合评价法。

5.4.1 评价指标的选取

为了构建明城墙遗产廊道,对明城墙周边遗产资源进行评价和界定,笔者结合明城墙遗产廊道的时空特点、城市关联性以及遗产廊道构建的内在要求,从三大方面进行评价体系的构建:首先是遗产资源价值;其次是遗产与城市功能结合的意愿;最后是遗产影响力。

5.4.2 评价体系的构建

本书遵循实用性、完备性、综合性、关联性、代表性、科学性、可操作性等原则,在现有的相关物质及非物质文化遗产资源评价既有研究成果的基础上,基于明城墙遗产廊道的研究视角,征询遗产保护、景观学、城市规划等方面专家的意见,选取遗产资源评价指标,并构建评价指标体系。其中评价项目层包括遗产资源价值、与城市功能结合意愿、遗产影响力三大类别：第一类是对文化遗产综合价值的评价；第二类是反映文化遗产与城市主要功能之间的兼容性；第三类是对文化遗产现状属性的评价。在单项因子层，遗产资源价值分解为文化艺术价值、历史价值、科教价值等；与城市功能结合意愿包括其与城市交通功能结合的兼容性、与生态功能结合的兼容性、与游憩功能结合的兼容性等；遗产影响力包括保存的完整性、遗产自身的真实性、遗产保护级别等（表5-5）。

表5-5 明城墙遗产廊道遗产资源评价指标体系

目标层	评价项目层	单项因子层
明城墙遗产廊道遗产资源评价（A）	遗产资源价值（B_1）	文化艺术价值（C_1）
		历史价值（C_2）
		科教价值（C_3）
		观赏游憩价值（C_4）
		其他价值（C_5）
	与城市功能结合意愿（B_2）	与交通功能结合的兼容性（C_6）
		与生态功能结合的兼容性（C_7）
		与游憩功能结合的兼容性（C_8）
	遗产影响力（B_3）	保存的完整性（C_9）
		遗产自身的真实性（C_{10}）
		遗产保护级别（C_{11}）
		规模（C_{12}）

5.4.3 评价标准判断矩阵的构造

在详细分析评价指标之后，要进行层次分析法的计算，并对计算结果进行分析，从而做出决策。根据对明城墙遗产廊道层次结构和主要评价指标的分析，层次结构模型上下层之间元素的隶属关系就被确定了，可以构造遗产廊道文化遗产的评价标准相对重要性的判断矩阵（表5-6）。

表5-6 B层对A层的判断矩阵

A	B_1	B_2	B_3
B_1	1.000 0	3.000 0	0.500 0
B_2	0.333 3	1.000 0	0.250 0
B_3	2.000 0	4.000 0	1.000 0

遗产资源价值是遗产点自身的固有属性，是决定遗产重要性程度的

衡量因素，将其比例标度设为1。与城市功能结合意愿体现的是遗产与城市功能的互动关系，遗产资源价值和与城市功能结合意愿相比相对重要，因此，将与城市功能结合意愿比例标度设为1/3。遗产影响力表示遗产保存现状的真实性、完整性等，体现的是遗产保存的现状信息，相对于遗产本身的固有价值属性稍微重要，将其比例标度设为2。

文化遗产层次单排序首先要构造单因子层次分别对评价因子层次的相对重要性的判断矩阵（表5-7至表5-9）。

C层对B_1层的相对重要性判断矩阵中比例标度的设定是根据遗产资源的某种价值相对其他价值重要性的两两比较，依据重要程度给定数值。以文化艺术价值与历史价值的比较为例，遗产资源的历史价值是历史信息的集中体现，是不可复制和再生的，也是遗产资源相比于其他资源所独有的价值，因此，历史价值比文化艺术价值相对重要，将文化艺术价值的比例标度设为1，历史价值的比例标度设为2；科教价值是指遗产资源的科普信息和文化教育价值，相比文化艺术价值，其针对性较强，因此，将其比例标度设为1/3；观赏游憩价值是指遗产资源在观赏性和居民游憩偏好方面的价值，这对遗产资源本身的规模和艺术特征均有一定要求，并不完全反映遗产资源的综合价值，因此，其相对重要性较弱，将其比例标度设为1/7；其他价值指遗产资源可能具有的某种特殊价值，其针对性亦较强，将其比例标度设为1/3。

表5-7　C层对B_1层的判断矩阵

B_1	C_1	C_2	C_3	C_4	C_5
C_1	1.000 0	0.500 0	3.000 0	7.000 0	3.000 0
C_2	2.000 0	1.000 0	3.000 0	5.000 0	7.000 0
C_3	0.333 3	0.333 3	1.000 0	3.000 0	3.000 0
C_4	0.142 9	0.200 0	0.333 3	1.000 0	3.000 0
C_5	0.333 3	0.142 9	0.333 3	0.333 3	1.000 0

C层对B_2层的相对重要性判断矩阵中比例标度的设定是根据遗产资源与城市不同功能结合的兼容性的两两比较，依据城市不同功能的重要程度给定数值。以交通功能为例，遗产资源与交通功能的兼容性体现遗产资源的可达性及方便到达的程度，这对于遗产资源的信息传播颇为重要，将其比例标度设为1；与生态功能的兼容性指遗产资源与城市生态资源结合的可行性，这需要结合遗产资源自身的类型和特点，不可勉强，因此，其相对重要性较弱，将其比例标度设为1/3；与游憩功能的结合同样对遗产本身的类型和特点有一定要求，相对重要性更弱，将其比例标度设为1/5。

表 5-8　C 层对 B_2 层的判断矩阵

B_2	C_6	C_7	C_8
C_6	1.000 0	3.000 0	5.000 0
C_7	0.333 3	1.000 0	3.000 0
C_8	0.200 0	0.333 3	1.000 0

C 层对 B_3 层的相对重要性判断矩阵中比例标度的设定是根据遗产影响力的不同属性值之间的两两比较，依据影响力属性特征的重要程度给定数值。以保存的完整性为例，其是衡量遗产资源综合价值的重要标准，西安城墙的重要遗产价值在于其保存的完整性较好，就这点而言更胜于南京城墙，因此，完整性是遗产资源价值的重要因子，将其比例标度设为 1；遗产自身的真实性为遗产历史信息的真实反映，是遗产价值重要的属性特征，我们反对假古董，因此，保留历史的真实性是我们遗产保护的重要原则，对于遗产资源评价而言非常重要，将其比例标度设为 6；遗产保护级别是遗产重要程度的体现，世界文化遗产的重要程度显然要高于市文化遗产保护单位，它是遗产资源评价的重要参考依据，稍微重要，将其比例标度设为 2；规模是遗产资源的体量特征，这跟遗产资源的类型有关，重要性较弱，将其比例标度设为 1/3。

表 5-9　C 层对 B_3 层的判断矩阵

B_3	C_9	C_{10}	C_{11}	C_{12}
C_9	1.000 0	0.166 7	0.500 0	3.000 0
C_{10}	6.000 0	1.000 0	3.000 0	9.000 0
C_{11}	2.000 0	0.333 3	1.000 0	5.000 0
C_{12}	0.333 3	0.111 1	0.200 0	1.000 0

5.4.4　层次单排序及一致性检验

根据文化遗产评价因子及单项因子的重要性评价标准的判断矩阵，利用和积法（详见第 5.2 节），计算出各层次因子的相对重要性的权值（表 5-10 至表 5-13），然后根据权值排列次序。经过层次单排序，可以为下一步最高层次重要性总排序打下基础。

表 5-10　B 层对 A 层的判断矩阵计算过程

A	B_1	B_2	B_3	W_i
B_1	1.000 0	3.000 0	0.500 0	0.319 6
B_2	0.333 3	1.000 0	0.250 0	0.122 0
B_3	2.000 0	4.000 0	1.000 0	0.558 4

最大特征值 $\lambda_{\max}$ = 3.018 3

一致性指标 $CI = (\lambda_{\max} - n)/(n-1) = 0.00915$ ($n=3$)

一致性比例 $CR = CI/RI = 0.0183$

$CR < 0.1$，能通过一致性检验，说明评价因子相对重要性的判断矩阵不存在逻辑错误，具有满意的一致性。

表 5-11　C 层对 B_1 层的判断矩阵计算过程

B_1	C_1	C_2	C_3	C_4	C_5	W_i
C_1	1.000 0	0.500 0	3.000 0	7.000 0	3.000 0	0.295 4
C_2	2.000 0	1.000 0	3.000 0	5.000 0	7.000 0	0.431 7
C_3	0.333 3	0.333 3	1.000 0	3.000 0	3.000 0	0.148 2
C_4	0.142 9	0.200 0	0.333 3	1.000 0	3.000 0	0.072 8
C_5	0.333 3	0.142 9	0.333 3	0.333 3	1.000 0	0.051 9

最大特征值 $\lambda_{\max}$ = 5.363 8

一致性指标 $CI = (\lambda_{\max} - n)/(n-1) = 0.09095$ ($n=5$)

$CR = CI/RI = 0.082$

$CR < 0.1$，能通过一致性检验，说明 C 对 B_1 层相对重要性的判断矩阵不存在逻辑错误，具有满意的一致性。

表 5-12　C 层对 B_2 层的判断矩阵计算过程

B_2	C_6	C_7	C_8	W_i
C_6	1.000 0	3.000 0	5.000 0	0.332 5
C_7	0.333 3	1.000 0	3.000 0	0.527 8
C_8	0.200 0	0.333 3	1.000 0	0.139 6

最大特征值 $\lambda_{\max}$ = 3.038 5

一致性 $CI = (\lambda_{\max} - n)/(n-1) = 0.01925$ ($n=3$)

$CR = CI/RI = 0.0385$

$CR < 0.1$，能通过一致性检验，说明 C 对 B_2 层相对重要性的判断矩阵不存在逻辑错误，具有满意的一致性。

表 5-13　C 层对 B_3 层的判断矩阵计算过程

B_3	C_9	C_{10}	C_{11}	C_{12}	W_i
C_9	1.000 0	0.166 7	0.500 0	3.000 0	0.119 5
C_{10}	6.000 0	1.000 0	3.000 0	9.000 0	0.602 7
C_{11}	2.000 0	0.333 3	1.000 0	5.000 0	0.228 3
C_{12}	0.333 3	0.111 1	0.200 0	1.000 0	0.049 6

最大特征值 $\lambda_{\max}$ = 4.048 7

$CI = (\lambda_{\max} - n)/(n-1) = 0.01623$ ($n=4$)

$CR = CI/RI = 0.018\ 4$

$CR < 0.1$，能通过一致性检验，说明 C 对 B_3 层相对重要性的判断矩阵不存在逻辑错误，具有满意的一致性。

5.4.5 层次总排序及一致性检验

通过上述步骤的计算经过一致性检验后，判断矩阵的相容性很好，判断矩阵有效，根据层次总排序和一致性检验计算，得出单因子重要性的总排序计算结果，从而得到南京明城墙文化遗产廊道遗产资源评价各层次的权重值（表 5-14）。

表 5-14 南京明城墙遗产廊道遗产资源评价指标体系及其权重

目标层	评价项目层	权重	因子层	权重
明城墙遗产廊道遗产资源评价（A）	遗产资源价值（B_1）	0.319 6	文化艺术价值（C_1）	0.094 4
			历史价值（C_2）	0.138 0
			科教价值（C_3）	0.047 4
			观赏游憩价值（C_4）	0.023 3
			其他价值（C_5）	0.016 6
	与城市功能结合意愿（B_2）	0.122 0	与交通功能结合的兼容性（C_6）	0.077 7
			与生态功能结合的兼容性（C_7）	0.031 5
			与游憩功能结合的兼容性（C_8）	0.012 8
	遗产影响力（B_3）	0.558 4	保存的完整性（C_9）	0.066 7
			遗产自身的真实性（C_{10}）	0.336 6
			遗产保护级别（C_{11}）	0.127 5
			规模（C_{12}）	0.027 7

由表 5-14 可以看出，在明城墙遗产廊道遗产资源定量评价中，遗产影响力所占比重最大，为 0.558 4，说明遗产影响力主要决定着遗产廊道的资源评价。而在遗产影响力中影响较大的是遗产自身的真实性和遗产保护级别。遗产资源价值本身权重也较大，为 0.319 6，对遗产廊道构建也起着至关重要的作用。在遗产资源价值中，历史价值相较于其他价值更为重要。与城市功能结合意愿是三个评价因子中权重相对最低的，其中与交通功能结合的兼容性比其他单项要重要些。

5.5 遗产资源综合评价界定

5.5.1 模糊积分法

根据前文的层次分析法确定南京明城墙遗产廊道遗产资源评价指标

体系中各因子的权重后，还需要对每个因素赋予分值。其中各指标因子的数值以 100 分为总分，采用专家打分法赋予各因子分值，赋值采用模糊积分法，标准参见表 5-15。

表 5-15　南京明城墙遗产廊道遗产资源定量评价模糊积分表

指标	积分等级				
	100—80 分	80—60 分	60—40 分	40—20 分	20—0 分
文化艺术价值	很高	较高	一般	较低	很低
历史价值	很高	较高	一般	较低	很低
科教价值	很高	较高	一般	较低	很低
观赏游憩价值	很高	较高	一般	较低	很低
其他价值	很高	较高	一般	较低	很低
与交通功能结合的兼容性	很高	较高	一般	较低	很低
与生态功能结合的兼容性	很高	较高	一般	较低	很低
与游憩功能结合的兼容性	很高	较高	一般	较低	很低
保存的完整性	很高	较高	一般	较低	很低
遗产自身的真实性	80% 以上真实	70%—80% 真实	60%—70% 真实	50%—60% 真实	50% 以下真实
遗产保护级别	世界文化遗产（90）	全国重点文物保护单位（80）、江苏省文物保护单位（70）	南京市文物保护单位（60）	区级文物保护单位（40）	无保护级别（20）
规模	很高	较高	一般	较低	很低

5.5.2　综合评价结果

本书以前期普查的 109 个明城墙周边物质文化遗产为对象，利用德尔菲法，发出有效问卷 60 份，有效回收 51 份，有关专家、学者、明城墙相关工作人员及在校研究生等用填表方式评分，从而得到模糊得分。模糊得分乘以其权重即综合得分。计算评价结果采用罗森伯格—菲什拜因数学模型：

$$E = \sum_{i=1}^{n} Q_i P_i$$

式中，E 为遗产廊道遗产资源综合评价值；Q_i 为第 i 个评价因子权重；P_i 为第 i 个评价因子的评价等级分值；n 为评价因子的数目。评价结果见表 5-16。

表 5-16　南京明城墙遗产廊道遗产资源综合评价得分表

遗产名称	文物保护级别	综合得分（分）	排序
明孝陵	世界文化遗产	90.240	1
中山陵	全国重点文物保护单位	87.724	2
东水关	全国重点文物保护单位	84.520	3
清凉门	全国重点文物保护单位	83.787	4
神策门	全国重点文物保护单位	83.541	5
武庙闸	全国重点文物保护单位	83.189	6
南京明城墙	全国重点文物保护单位	83.021	7
中华门城堡	全国重点文物保护单位	81.282	8
石城门	全国重点文物保护单位	81.119	9
古（明清）天文仪器	江苏省文物保护单位	81.013	10
台城	南京市文物保护单位	80.088	11
灵谷寺无梁殿	江苏省文物保护单位	79.911	12
国民革命军阵亡将士纪念塔	全国重点文物保护单位	79.806	13
明故宫遗址	全国重点文物保护单位	79.341	14
堂子街太平天国壁画	全国重点文物保护单位	78.054	15
廖仲恺何香凝墓	全国重点文物保护单位	77.311	16
鸡鸣寺	南京市文物保护单位	77.196	17
石头城遗迹	江苏省文物保护单位	76.431	18
渡江胜利纪念碑与纪念馆	江苏省文物保护单位	76.175	19
定林寺陆游摩崖题刻	江苏省文物保护单位	75.719	20
九华山三藏塔	南京市文物保护单位	75.078	21
国立紫金山天文台旧址	南京市文物保护单位	74.712	22
瞻园	江苏省文物保护单位	74.446	23
天妃宫	江苏省文物保护单位	73.657	24
金沙井太平天国官衙建筑	江苏省文物保护单位	73.124	25
粤军阵亡将士墓	江苏省文物保护单位	72.913	26
静海寺	南京市文物保护单位	72.659	27
罗廊巷太平天国建筑及壁画	江苏省文物保护单位	72.446	28
常遇春墓	江苏省文物保护单位	71.860	29

续表 5-16

遗产名称	文物保护级别	综合得分（分）	排序
胜棋楼	南京市文物保护单位	71.650	30
范鸿仙墓	江苏省文物保护单位	71.080	31
蒋陵（孙权墓）	江苏省文物保护单位	70.994	32
朝天宫	江苏省文物保护单位	70.980	33
贡院碑刻	江苏省文物保护单位	70.815	34
太平军破城处	鼓楼区文物保护单位	70.787	35
侵华日军南京大屠杀死难同胞遇难处及丛葬地（一）	南京市文物保护单位	70.673	36
侵华日军南京大屠杀死难同胞遇难处及丛葬地（二）	南京市文物保护单位	70.662	37
太平天国天保城、地保城遗址	江苏省文物保护单位	70.532	38
三宿名岩	南京市文物保护单位	68.952	39
吴良、吴祯、吴忠墓	世界文化遗产	68.936	40
曾水源墓	江苏省文物保护单位	68.514	41
卞壶墓碣	南京市文物保护单位	68.199	42
挹江门	鼓楼区文物保护单位	68.117	43
仪凤门遗址	鼓楼区文物保护单位	67.169	44
邓演达墓	江苏省文物保护单位	66.891	45
谭延闿墓	全国重点文物保护单位	66.786	46
文德桥	南京市文物保护单位	66.106	47
韩恢墓	南京市文物保护单位	65.681	48
颜鲁公祠	南京市文物保护单位	65.651	49
白鹭洲鹫峰寺	南京市文物保护单位	64.875	50
清凉寺遗址	鼓楼区文物保护单位	64.335	51
夫子庙遗址	南京市文物保护单位	64.170	52
天朝总圣库	江苏省文物保护单位	64.053	53
江南水师学堂	江苏省文物保护单位	63.431	54
江南陆师学堂及矿路学堂遗址，鲁迅纪念室	江苏省文物保护单位	63.431	55
孙津川秘密工作旧址	南京市文物保护单位	62.650	56
宋子文住宅旧址	江苏省文物保护单位	62.073	57
孙科公馆旧址	江苏省文物保护单位	61.620	58

续表 5-16

遗产名称	文物保护级别	综合得分（分）	排序
崇正书院	鼓楼区文物保护单位	61.333	59
明天坛遗址	雨花台区文物保护单位	59.311	60
李宗仁公馆旧址	江苏省文物保护单位	58.264	61
淮清桥	南京市文物保护单位	57.710	62
扫叶楼	江苏省文物保护单位	57.576	63
封至圣夫人碑	南京市文物保护单位	57.449	64
古观象台遗址	江苏省文物保护单位	56.988	65
九龙桥	秦淮区文物保护单位	56.070	66
汉白玉金鱼盆	建邺区文物保护单位	55.957	67
光宅寺	南京市文物保护单位	55.854	68
郭璞墩	南京市文物保护单位	55.502	69
半山园	南京市文物保护单位	55.246	70
钓鱼台河房	南京市文物保护单位	54.760	71
善庆寺	南京市文物保护单位	54.686	72
朱状元巷	南京市文物保护单位	53.856	73
大报恩寺及碑	江苏省文物保护单位	53.265	74
武庙	南京市文物保护单位	51.890	75
中和桥	秦淮区文物保护单位	51.556	76
江南制造局厂房遗址	江苏省文物保护单位	48.967	77
鹰福街古建筑	秦淮区文物保护单位	47.222	78
程先甲故居	江苏省文物保护单位	45.504	79
周处读书台	南京市文物保护单位	45.149	80
俞通海兄弟墓	南京市文物保护单位	44.632	81
驻马坡	—	44.467	82
石狮子	秦淮区文物保护单位	44.312	83
石牌三块	秦淮区文物保护单位	43.698	84
西街古建筑群	江苏省文物保护单位	43.329	85
秦大夫故居	南京市文物保护单位	42.801	86
愚园（胡家花园）	南京市文物保护单位	42.379	87

续表 5-16

遗产名称	文物保护级别	综合得分（分）	排序
阅江楼基址	鼓楼区文物保护单位	42.054	88
马道街古建筑	秦淮区文物保护单位	40.907	89
石碑两块	秦淮区文物保护单位	39.453	90
泾县会馆	南京市文物保护单位	39.433	91
朱雀航遗址	秦淮区文物保护单位	38.830	92
清凉台	—	38.632	93
桃叶渡古遗迹	秦淮区文物保护单位	38.076	94
一拂清忠祠	—	37.996	95
陶风楼（惜阴书院旧址）	南京市文物保护单位	36.578	96
魏源故居	南京市文物保护单位	36.578	97
锁龙桥群	—	33.509	98
张公桥	建邺区文物保护单位	29.098	99
来宾桥	秦淮区文物保护单位	28.006	100
方苞教忠祠	鼓楼区文物保护单位	27.060	101
安品街 65 号、82-1 号	建邺区文物保护单位	27.060	102
仓巷 86 号、88 号	建邺区文物保护单位	27.060	103
杨桂年故居	建邺区文物保护单位	27.060	104
月牙巷 11—28 号	建邺区文物保护单位	27.060	105
仓巷桥	建邺区文物保护单位	27.060	106
薛庐	鼓楼区文物保护单位	26.827	107
汉白玉金鱼池	建邺区文物保护单位	26.283	108
涵洞口	建邺区文物保护单位	25.444	109

再结合定性分析来看，得分在 30 分以下的遗产点之所以综合评分低，主要原因是这些遗产资源基本已经只有其名，而不见遗迹遗址，很多明清古建筑，如方苞教宗祠，安品街 65 号、82-1 号，月牙巷 11—28 号等，都被以"城市更新"的名义无情拆除而只留有地名。得分在 30 分以上的 98 个遗产点不仅具有一定的遗产影响力和遗产资源价值，而且和城市功能有结合意愿。因此，根据定量分析和定性分析相结合的结果得出表 5-17 所列出的 98 处文化遗产，它们正是所界定的构建明城墙遗产廊道的遗产资源（图 5-2）。

表 5-17 构建明城墙遗产廊道的文化遗产资源

遗产名称	文物保护级别	综合得分(分)	排序	所在段落
明孝陵	世界文化遗产	90.240	1	通济门至太平门
中山陵	全国重点文物保护单位	87.724	2	通济门至太平门
东水关	全国重点文物保护单位	84.520	3	集庆门至通济门
清凉门	全国重点文物保护单位	83.787	4	定淮门至清凉门
神策门	全国重点文物保护单位	83.541	5	太平门至神策门
武庙闸	全国重点文物保护单位	83.189	6	太平门至神策门
南京明城墙	全国重点文物保护单位	83.021	7	整个廊道
中华门城堡	全国重点文物保护单位	81.282	8	集庆门至通济门
石城门	全国重点文物保护单位	81.119	9	清凉门至集庆门
古（明清）天文仪器	江苏省文物保护单位	81.013	10	通济门至太平门
台城	南京市文物保护单位	80.088	11	太平门至神策门
灵谷寺无梁殿	江苏省文物保护单位	79.911	12	通济门至太平门
国民革命军阵亡将士纪念塔	全国重点文物保护单位	79.806	13	通济门至太平门
明故宫遗址	全国重点文物保护单位	79.341	14	通济门至太平门
堂子街太平天国壁画	全国重点文物保护单位	78.054	15	清凉门至集庆门
廖仲恺何香凝墓	全国重点文物保护单位	77.311	16	通济门至太平门
鸡鸣寺	南京市文物保护单位	77.196	17	太平门至神策门
石头城遗迹	江苏省文物保护单位	76.431	18	定淮门至清凉门
渡江胜利纪念碑与纪念馆	江苏省文物保护单位	76.175	19	狮子山至定淮门
定林寺陆游摩崖题刻	江苏省文物保护单位	75.719	20	通济门至太平门
九华山三藏塔	南京市文物保护单位	75.078	21	太平门至神策门
国立紫金山天文台旧址	南京市文物保护单位	74.712	22	通济门至太平门
瞻园	江苏省文物保护单位	74.446	23	集庆门至通济门
天妃宫	江苏省文物保护单位	73.657	24	狮子山至定淮门
金沙井太平天国官衙建筑	江苏省文物保护单位	73.124	25	集庆门至通济门
粤军阵亡将士墓	江苏省文物保护单位	72.913	26	清凉门至集庆门
静海寺	南京市文物保护单位	72.659	27	狮子山至定淮门
罗廊巷太平天国建筑及壁画	江苏省文物保护单位	72.446	28	清凉门至集庆门
常遇春墓	江苏省文物保护单位	71.860	29	通济门至太平门

续表 5-17

遗产名称	文物保护级别	综合得分(分)	排序	所在段落
胜棋楼	南京市文物保护单位	71.650	30	清凉门至集庆门
范鸿仙墓	江苏省文物保护单位	71.080	31	通济门至太平门
蒋陵（孙权墓）	江苏省文物保护单位	70.994	32	通济门至太平门
朝天宫	江苏省文物保护单位	70.980	33	清凉门至集庆门
贡院碑刻	江苏省文物保护单位	70.815	34	集庆门至通济门
太平军破城处	鼓楼区文物保护单位	70.787	35	狮子山至定淮门
侵华日军南京大屠杀死难同胞遇难处及丛葬地（一）	南京市文物保护单位	70.673	36	狮子山至定淮门
侵华日军南京大屠杀死难同胞遇难处及丛葬地（二）	南京市文物保护单位	70.662	37	清凉门至集庆门
太平天国天保城、地保城遗址	江苏省文物保护单位	70.532	38	通济门至太平门
三宿名岩	南京市文物保护单位	68.952	39	狮子山至定淮门
吴良、吴祯、吴忠墓	世界文化遗产	68.936	40	通济门至太平门
曾水源墓	江苏省文物保护单位	68.514	41	狮子山至定淮门
卞壶墓碣	南京市文物保护单位	68.199	42	清凉门至集庆门
挹江门	鼓楼区文物保护单位	68.117	43	狮子山至定淮门
仪凤门遗址	鼓楼区文物保护单位	67.169	44	狮子山至定淮门
邓演达墓	江苏省文物保护单位	66.891	45	通济门至太平门
谭延闿墓	全国重点文物保护单位	66.786	46	通济门至太平门
文德桥	南京市文物保护单位	66.106	47	集庆门至通济门
韩恢墓	南京市文物保护单位	65.681	48	通济门至太平门
颜鲁公祠	南京市文物保护单位	65.651	49	清凉门至集庆门
白鹭洲鹫峰寺	南京市文物保护单位	64.875	50	集庆门至通济门
清凉寺遗址	鼓楼区文物保护单位	64.335	51	定淮门至清凉门
夫子庙遗址	南京市文物保护单位	64.170	52	集庆门至通济门
天朝总圣库	江苏省文物保护单位	64.053	53	清凉门至集庆门
江南水师学堂	江苏省文物保护单位	63.431	54	狮子山至定淮门
江南陆师学堂及矿路学堂遗址，鲁迅纪念室	江苏省文物保护单位	63.431	55	狮子山至定淮门
孙津川秘密工作旧址	南京市文物保护单位	62.650	56	狮子山至定淮门

续表 5-17

遗产名称	文物保护级别	综合得分（分）	排序	所在段落
宋子文住宅旧址	江苏省文物保护单位	62.073	57	太平门至神策门
孙科公馆旧址	江苏省文物保护单位	61.620	58	通济门至太平门
崇正书院	鼓楼区文物保护单位	61.333	59	定淮门至清凉门
明天坛遗址	雨花台区文物保护单位	59.311	60	通济门至太平门
李宗仁公馆旧址	江苏省文物保护单位	58.264	61	太平门至神策门
淮清桥	南京市文物保护单位	57.710	62	集庆门至通济门
扫叶楼	江苏省文物保护单位	57.576	63	定淮门至清凉门
封至圣夫人碑	南京市文物保护单位	57.449	64	集庆门至通济门
古观象台遗址	江苏省文物保护单位	56.988	65	太平门至神策门
九龙桥	秦淮区文物保护单位	56.070	66	集庆门至通济门
汉白玉金鱼盆	建邺区文物保护单位	55.957	67	清凉门至集庆门
光宅寺	南京市文物保护单位	55.854	68	集庆门至通济门
郭璞墩	南京市文物保护单位	55.502	69	太平门至神策门
半山园	南京市文物保护单位	55.246	70	通济门至太平门
钓鱼台河房	南京市文物保护单位	54.760	71	集庆门至通济门
善庆寺	南京市文物保护单位	54.686	72	定淮门至清凉门
朱状元巷	南京市文物保护单位	53.856	73	清凉门至集庆门
大报恩寺及碑	江苏省文物保护单位	53.265	74	集庆门至通济门
武庙	南京市文物保护单位	51.890	75	太平门至神策门
中和桥	秦淮区文物保护单位	51.556	76	通济门至太平门
江南制造局厂房遗址	江苏省文物保护单位	48.967	77	集庆门至通济门
鹰福街古建筑	秦淮区文物保护单位	47.222	78	集庆门至通济门
程先甲故居	江苏省文物保护单位	45.504	79	集庆门至通济门
周处读书台	南京市文物保护单位	45.149	80	集庆门至通济门
俞通海兄弟墓	南京市文物保护单位	44.632	81	集庆门至通济门
驻马坡	—	44.467	82	定淮门至清凉门
石狮子	秦淮区文物保护单位	44.312	83	集庆门至通济门
石牌三块	秦淮区文物保护单位	43.698	84	集庆门至通济门
西街古建筑群	江苏省文物保护单位	43.329	85	集庆门至通济门

续表 5-17

遗产名称	文物保护级别	综合得分(分)	排序	所在段落
秦大夫故居	南京市文物保护单位	42.801	86	集庆门至通济门
愚园（胡家花园）	南京市文物保护单位	42.379	87	集庆门至通济门
阅江楼基址	鼓楼区文物保护单位	42.054	88	狮子山至定淮门
马道街古建筑	秦淮区文物保护单位	40.907	89	集庆门至通济门
石碑两块	秦淮区文物保护单位	39.453	90	集庆门至通济门
泾县会馆	南京市文物保护单位	39.433	91	集庆门至通济门
朱雀航遗址	秦淮区文物保护单位	38.830	92	集庆门至通济门
清凉台	—	38.632	93	定淮门至清凉门
桃叶渡古遗迹	秦淮区文物保护单位	38.076	94	集庆门至通济门
一拂清忠祠	—	37.996	95	定淮门至清凉门
陶风楼（惜阴书院旧址）	南京市文物保护单位	36.578	96	清凉门至集庆门
魏源故居	南京市文物保护单位	36.578	97	清凉门至集庆门
锁龙桥群	—	33.509	98	清凉门至集庆门

图 5-2 明城墙遗产廊道遗产资源分布图（见书末彩图）

5.6 遗产资源总体构成分析

5.6.1 综合评价得分情况分析

明城墙文化遗产廊道共普查文化遗产资源 109 处，在结合现场调研的基础上，通过对这些遗产资源的综合评价排序分析，得出一些相应的结论：综合得分 90 分以上的遗产数量只有 1 个，占总量的 0.93%；综合评价在 70—90 分的遗产资源为 37 个，占总量的 34.26%；50—70 分的遗产资源为 38 个，占总量的 35.18%；30—50 分的遗产资源为 22 个，占总量的 20.37%；30 分以下的 10 个，占 9.26%。总体来说，明城墙遗产廊道遗产综合评价在 50 分以上的占了 70.37%，说明大多数遗产廊道遗产综合价值较高，具有较好的遗产影响力、遗产资源价值和与城市功能结合意愿。其中，综合评分在 50—70 分的遗产资源数量最多，约占总量的 35%，而得分 90 分以上的只有一个，说明大部分遗产资源价值较高，但是要达到很高还有一定差距，或者说有很大的保护开发潜力，在遗产影响力、遗产资源价值和与城市功能结合意愿上可以有较多改善。而得分在 30 分以下的 10 个遗产资源，基本都是有文献记载，但由于各种原因已无遗存遗迹的。因此，笔者最终界定出得分 30 分以上的遗产资源作为遗产廊道遗产资源，共计 98 处。

5.6.2 资源分布区段分析

明城墙遗产廊道界定的 98 处遗产资源，除了明城墙本体贯穿整个廊道，对于周边遗产资源，共分七段：狮子山至定淮门段分布遗产资源 13 处；定淮门至清凉门段分布遗产资源 9 处；清凉门至集庆门段分布遗产资源 15 处；集庆门至通济门段分布的遗产资源最多共 29 处，占遗产总数的 29.90%；通济门至太平门段分布的遗产资源也较多，共 21 处，占遗产总数的 21.65%；太平门至神策门段分布遗产资源 10 处；神策门段至狮子山段由于历史上一直在南京主城区的外围，因此文化遗产数量为 0 个（图 5-3）。

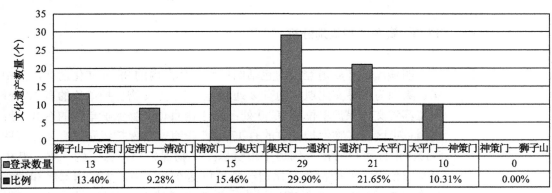

图 5-3 遗产廊道遗产资源分布区段分析（见书末彩图）

这样的区段分布也反映了南京城市历史发展的时间地理特点，主要和文化遗产的时代背景、分布的自然地理状况及社会文化等要素相关。文化遗产分布最密集的是位于老城南的集庆门至通济门段。自范蠡建越城于秦淮河畔的古长干里，城南既是南京城市的发祥地，也是南京居民最密集的区域，一直延续至今。老城南最能体现南京城的历史和传统文化，也最能体现南京传统文化的多元性，尤其集中在长干里、秦淮河和夫子庙一带。遗产数量第二的是通济门至太平门段，其位于以钟山为依托的城东北部，钟山今作为国家级风景名胜区自古即有"钟阜龙蟠"之称，也是南京名胜古迹荟萃之地，囊六朝文化、明朝文化、民国文化、陵墓文化于一山。遗产数量第三的是清凉门至集庆门段。此段分布有乌龙潭、莫愁湖、南湖。莫愁湖是隋唐时长江改道北移留下的城市水体；南湖形成于三国时期，为江水西移留下的自然湖泊。此段主要分布着六朝遗迹及一些明清建筑遗迹。遗产数量第四的是狮子山至定淮门段。此段以狮子山为依托，以秦淮河入江口为起讫点，濒临长江，在明代是重要的城市边界和制高点，朱元璋正是在此打败劲敌陈友谅而奠定了其一统天下的军事地位，郑和下西洋每次来这里祭拜妈祖，中国人民解放军正是由此强渡长江解放南京。遗产数量第五的是以玄武湖为依托的太平门至神策门段，这里曾是著名的南朝皇家园林的遗址地，虽然六朝遗韵已难觅踪影，但我们仍能在玄武湖、九华山、鼓楼岗一带探寻如古观象台、鸡鸣寺、台城、郭璞墩等六朝遗风。遗产数量第六的是定淮门至清凉门段。此段内有马鞍山和清凉山，清凉山是南京西部重要制高点，历史上的石头城更是城市起源地的象征，这里比较集中的是城市起源和六朝遗迹。城北因为是中华人民共和国成立后随着城市用地的增加才逐渐突破城墙的界限而向北扩张，因此遗产分布较空缺。由此，我们也发现，这些遗产点的分布和南京城山川水系的自然地理格局和社会发展背景密切相关，城市的中心繁华地带及自然山川水系如钟山及其余脉、狮子山、玄武湖、秦淮河、莫愁湖等多是遗产资源分布的密集区，其实这些自然格局及社会环境与众多文化遗产本身就是不可分割的有机系统，也更是我们今日保护文化遗产重要的自然、经济和社会文化要素。

5.6.3 资源保护级别分析

明城墙遗产廊道登录的包括明城墙本体在内的98处文化遗产，其中保护级别为世界文化遗产的有2处；属全国重点文物保护单位的有13处；属江苏省文物保护单位的有30处；属于南京市文物保护单位的有32处；属南京市区级文物保护单位的有17处；没有文物保护级别的有4处（图5-4）。由此可以看出，廊道中市级以上文物保护单位占了约79%，其中南京市仅有的两处世界文化遗产既被包括在廊道中，大量国家级和省级文物保护单位也被囊括在廊道中，说明廊道遗产的总体保护级别较高，

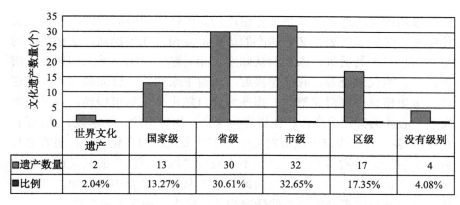

图 5-4　遗产廊道遗产资源保护级别构成分析（见书末彩图）

也反映了笔者基于遗产廊道的构建思想进行重要遗产资源整合并促进遗产保护的重要现实意义和必要性；同时，廊道中遗产保护级别的划分为遗产保护的针对性和高效性提供了重要借鉴。另外，属于市级和区级的文物保护单位占了一半，这些文化遗产资源有的损毁较严重，亟待日后对其加强保护力度。

5.6.4　遗产保护现状分析

明城墙遗产廊道登录的 98 处遗产中，保护很好，历史风貌比较完整的有 15 处，主要是中山陵、明孝陵以及一些革命纪念碑；保护较好，历史风貌较为完整的有 23 处；保护现状一般，局部历史风貌完整的有 24 处；其他保护现状较差，历史风貌残缺比较严重的有 36 处（图 5-5）。

据笔者分析，文化遗产的保护现状主要和两方面因素有关：一是遗产保护的级别。廊道中保护现状很好的遗产资源主要是世界文化遗产和部分全国重点文物保护单位；保护现状较好的遗产资源主要是全国重点文物保护单位和江苏省文物保护单位；保护现状一般的遗产资源主要是南京市文物保护单位；保护现状较差的多是区级文物保护单位或还没有

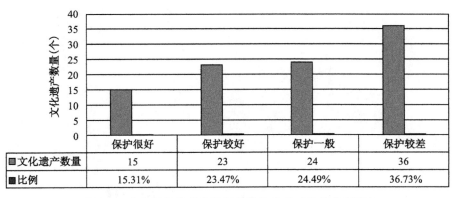

图 5-5　遗产廊道遗产资源保护现状分析（见书末彩图）

保护级别的文化遗产。二是文化遗产的属性特征即时间、地理及社会文化特征。时代越久远,文化遗产的历史信息损毁几率越高,文化遗产的历史信息越容易丢失,人们的认知度也相对越低,如一些六朝遗迹、南唐遗址、明代遗迹等。时代越接近,遗留下来的遗产资源越多,文化遗产的历史信息也相对完整些。那些地处自然山林或城市绿地,避开城市发展中心区的文化遗产,往往更容易保全,如中山陵、明孝陵、清凉门、神策门等;而那些位于城市发展中寸土寸金地块的文化遗产,更容易与城市发展形成矛盾与冲突,甚至不幸被以"城市更新"的名义而永久性破坏或直接拆除,如一些历史街区。笔者从现场踏查中还发现,遗产保护现状和其与城市功能结合的情况相关性较大,两者相辅相成:保护现状较好的文化遗产会促进其与交通、游憩、生态等方面的结合,而这种促进反过来也会更加有利于文化遗产的保护利用。相反,一些周边环境较差、交通可达性差的遗产点,人们的认知度较低,保护也相对不力,现状令人担忧。

  由此可以看出,一方面,对文化遗产进行分级别、有序的保护,对遗产保护工作能起到比较好的效果。另一方面,时代越久远的文化遗产越显珍贵,保护的难度也越大,对此,我们应高度重视,促进资源整合,加大保护力度。对于位于城市发展中心区的文化遗产,应严格划定保护范围,拓展遗产功能,提高保护利用效率。此外,我们应尽可能从整体保护的角度出发,深入分析文化遗产的属性特征,挖掘文化遗产的历史价值,并促进其与城市相关功能的结合,从根本上实现文化遗产的整体保护,并缓解遗产保护和城市发展的矛盾,促进其与城市的同步发展和共同生长。

6 廊道环境景观分析

在古代社会，为了军事防御需要，城墙周边用地寸草不生。在近现代社会，城墙的功能发生了转变，成为城市的历史载体、文化遗存，实用价值转向为城市中的景观元素和历史资源，便开始有了周边环境的整体营造。

6.1 景观的缘起与发展

明城墙周边景观自城墙建成起很长一段时间内是以自然景观为主。如前文所述，城墙及护城河的建造本身依托南京城的自然山水地貌，这些自然要素和明城墙本体紧密结合构成有机整体，并共同经历风雨沧桑，大部分保留至今。直至今日，这些自然景观依然构成南京城市风貌的主要骨架，而人为进行明城墙周边景观的营建始于民国时期。

1929 年，南京国民政府颁布的《首都计划》从实用主义的角度提出，"利川之以为环城大道，实最适宜"，"将来城垣上之环城之道，所需于该道者尤多，因可即就该道建筑斜坡道路以直上城垣也。将来城垣大道完成后，若在城垣上驾车游玩，则全城景物及附近乡落之风景，与夫紫金山扬子江之山色波光，均将一一涌现于目前。此种游乐大道，世界上殆亦不易多得"（杨国庆，2002b）。《首都计划》建议沿城垣内侧修建林荫大道，并结合地形变化在环城林荫路和城墙之间修建公园，同时建议结合已有的名胜古迹如莫愁湖、雨花台、清凉山等建公园。《首都计划》颁布 10 年后，南京国民政府通过改造和修建，出现了一批完全开放的近代公园，如玄武湖公园、莫愁湖公园、第一公园（现已不存在）、鼓楼公园、白鹭洲公园、秦淮小公园和孙中山陵园等。

中华人民共和国成立后，由于之前的连年战乱，沿明城墙可游览的公园仅玄武湖公园的梁洲部分、白鹭洲公园和莫愁湖公园的一小部分。在此基础上，园林部门对邻近城墙的玄武湖公园、莫愁湖公园、白鹭洲公园的主要景点进行了修缮，并且结合疏浚，扩大了三者的陆地面积。后来又修建了绣球公园，并修建了部分滨河林带。

改革开放后，随着社会的发展，明城墙的文化价值开始受到政府的重视。1982 年 8 月 2 日，《南京市人民政府关于保护城墙的通知》发布，南京明城墙被列为江苏省文物保护单位。1983年，南京市文物管理委员会会同南京市规划局、南京市勘测设计院，通过对南京明城墙的实地调查，进行反复研究，划定了二级保护范围。①特殊地段：按照《南京城墙保护规则》规定的范围确定。②一般地段：墙基两侧各不少于15 m。③建设控制地带：墙基两侧各不少于50 m。1988年，南京明城墙被列为全国重点文物保护单位。1989年，南京市第十届人民代表大会常务委员会第八次会议制定了《南京市文物保护条例》。1995年，南京市第十一届人民代表大会常务委员会第二十次会议制定了《南京城墙保护管理办法》。1998年，南京市规划局等有关单位共同制定了《南京明城墙风光带规划》，开始系统地进行明城墙风光带环境整治工程，以拯救民族遗产，还古都历史风貌。该规划由"控制与保护规划"和"开发与利用规划"两部分组成。"控制与保护规划"的核心是一套立体的多层次的保护体系。借助这套体系，对明城墙现存段落及其周围的环境实行全方位的、有效的保护与控制。"开发与利用规划"是指城墙及城墙所依附的风景资源的综合开发与利用。根据城墙保存现状，可以分段（片）开发或整体开发。1999年，南京市政府通过了这个规划（杨国庆，2002b）。《南京明城墙风光带规划》从人类文化遗产的高度审视城墙的历史文化价值以及古城墙、城河及其相关的公园绿地对南京主城绿地系统所起到的主骨架作用，对城墙实行全方位、多层次的保护，并采用多种方式展示与利用城墙及其周围的风景园林资源。经过多年的规划实施，明城墙风光带很好地改善了南京的生态环境，在一定程度上创造了富有地域特色的城市景观。

2000年以后，南京市政府对明城墙周边环境进行了整治，在改造历史景区的同时兴建了一些新的开放空间。2013年，南京市政府又启动了城市"绿道"建设，其中包括明城墙沿线"绿道"，尽管这条"绿道"是否是严格意义上的城市绿道还值得商榷，但是它提供了沿明城墙及护城河的连贯的自行车道和游步道，使得喧嚣的城市内有一条连通的、可近距离感受明城墙及护城河等历史古迹的步行游览系统。

6.2 环境景观现状分析

随着历史的演变，尤其在近代城市化的进程中，明城墙周边景观由最初的自然山水、农田到少量的公园名胜，逐渐转变为密集城市中的绿洲。随着城市的发展，景观面积不断被建筑和道路分割开来，性质从第一、第二自然转变为第三自然。这些景观的演变记载着每个时代城市建设的烙印和历史流变。从明清至民国初期，明城墙作为乡村或自然与城市的边界，绵亘于自然山水之间，名胜古迹点缀其中；而今，伴随着城市用地的不断填充和更新，城墙逐渐转变为密集城市建筑群中人工性很强的开放空间的重要界面。在城市景观被各种建筑和道路切割得支离破碎的当下,以明城墙为纽带,对其周边环境的景观现状进行系统的调研和分析,有助于从整体和局部两个层面对城墙景观和城市历史风貌进行有效的保护和管理。

笔者结合历史档案、文献资料和现场调研,对明城墙周边环境的景观资源进行系统的整理和梳理,沿用前文对明城墙所分段落,分别对每一段落的城墙及护城河概况、自然基底与城市绿地以及破坏情况等进行分析,并将单个景观元素的概况、建造(改造)年代等列表分析。

6.2.1 狮子山至定淮门段

1) 自然及人工景观资源

狮子山为幕府山余脉,濒临长江,位于南京城西北角,主峰海拔77.5 m。绣球山为狮子山余脉,独兀狮子山南,与狮子山形成"狮子盘绣球"之势。挹江门内有八字山,外有小桃园与绣球山相望,护城河在城墙脚下延伸,在定淮门外与外秦淮河相汇。狮子山、绣球山、八字山、小桃园等形成山水相依的带状开敞空间,绿化基底良好,景观质量较佳(表6-1)。

2) 破坏情况

由于建宁路东西向延伸,两侧布置商业设施,将狮子山和绣球山的自然山体连接割断,断开约40 m,护城河在此被掩埋,且城市建设用地侵占自然基底,城市建筑沿护城河而建,对区段内生态环境、遗产环境的保护构成威胁。

表6-1 狮子山至定淮门段城墙周边景观资源概况

名称	地点	建造(改造)年代	概况
狮子山风景区	南京城西北	2001年	狮子山原名卢龙山,早在清末就有"狮岭雄关"之美誉,被称为金陵四十八景之一。狮子山风景区以狮子山为中心,包括山巅、山坡、山麓及其周围的一系列人文景观
绣球公园	挹江门外西北侧	1953年	公园占地面积9.56 km²,其中水面3.61 km²;山水城林,明秀轻盈,是优雅的江南山水园林
八字山公园	挹江门内侧西南边	2004年	古名四望山。1929年,为迎接孙中山的灵柩从中山北路经过,当时的南京国民政府用石头在山腰垒出"忠、孝、仁、爱、信、义、和、平"八个大字,从此改称此山为"八字山"。2004年,建成八字山公园
小桃园广场	挹江门外	2003年	与绣球公园隔街相望。民国初年(1912年),有住户在此植桃树,故名小桃园至今。其现为展示古城文化遗风的市民广场

6.2.2 定淮门至清凉门段

1) 自然及人工景观资源

此区段内的主要山脉是马鞍山和清凉山,属钟山余脉,与富贵山、覆舟山、鸡笼山、鼓楼岗一同构成南京市区水系的重要分水岭。如今,随着明城墙周边环境的整治,沿护城河两岸已建成城市滨水绿道,绿化状况较好。除滨河绿道外,还有古林公园、石头城遗址公园(鬼脸城)、国防园、清凉山公园,绿化覆盖率均在90%以上(表6-2)。

2) 破坏情况

对自然山体最严重的破坏是历史地貌"虎踞"如今被城西干道(虎踞路)拦腰截断,分成清凉山公园和国防园,山水地形被破坏,且已无法修复。除四个公园和滨河绿地外,其余地方绿化覆盖率偏低,绿化状况不佳。秦淮河近年来水质不断改善,但由于周围城市建筑布置和城市生活的压力,其水质的保持比较困难。

表6-2 定淮门至清凉门段城墙周边景观资源概况

名称	地点	建造(改造)年代	概况
古林公园	清凉山北,虎踞北路西侧	1984年	建在原古林寺旧址,因寺得名。古林寺建于梁,当时称观音庵,南宋时称古林庵,明代改庵为寺,成为城西巨刹,如今为综合性公园
石头城遗址公园	北起清凉山体育运动学校,南至清凉门,西临古城墙,东到虎踞路	2003年	公元前333年楚威王在此修建金陵邑城堡,之后东吴孙权建石头城,唐末再修石头城。此段城墙上有块巨石,因风化酷似鬼脸,因此又名鬼脸城。公园在石头城旧址上兴建,是以石城怀古为主题的城市休闲公园
国防园	清凉山、虎踞路西侧	1992年	石头城遗址公园北侧,由中国人民解放军军史馆、钓鱼岛主权馆、军兵种馆、国防教育临展厅、国防知识讲堂等组成
清凉山公园	清凉山8号	1930年	南唐时曾建避暑宫于山上。其有"七朝胜迹"之称,名胜古迹随处可寻,系一座历史文化名园
滨河绿地	秦淮河两岸	2004年	滨水绿道,有步行道和自行车道

6.2.3 清凉门至集庆门段

1) 自然及人工景观资源

此段片区由于古长江河道西迁,形成池塘洼地,自然基底除了外秦淮河,主要分布着三个城市湖泊,分别是乌龙潭、莫愁湖和南湖,均建城市公园,具有重要的生态价值。开放空间主要是乌龙潭公园、汉中门市民广场、水西门广场、莫愁湖公园、南湖公园和护城河滨河绿地(表6-3)。

表 6-3 清凉门至集庆门段城墙周边景观资源概况

名称	地点	建造（改造）年代	概况
乌龙潭公园	清凉山东麓	1982 年	三国时，乌龙潭名为清水大塘、芙蓉池。因传说晋代潭中有四处泉眼而得名。乌龙潭素有南京小西湖之美誉，公园以山光水色取胜，清幽典雅
汉中门市民广场	汉中路与虎踞路交会口	1997 年	是以石城门瓮城遗迹为主题，在瓮城遗址上建筑的市民广场
水西门广场	西水关遗址处，内外秦淮河汇合处	1999 年	建于西水关遗址上，是融汇金陵古今文化的休闲广场
莫愁湖公园	水西门大街，秦淮河西	1928 年	是一座有着 1 500 年悠久历史和丰富人文资源的江南古典名园，为六朝胜迹，自古有"江南第一名湖""金陵第一名胜""金陵四十八景之首"等美誉
南湖公园	南湖东路北侧	2007 年	与莫愁湖公园隔街相望，是南京第一座开放式活水公园，占地约 15 万 m^2，设计突出以人为本
护城河滨河绿带	清凉门至集庆门段秦淮河两侧	2004 年	外秦淮河内外侧为滨水绿道，有步行道和自行车道

2) 破坏情况

历史上，南湖与莫愁湖通过河道相连，水体贯通，现水体已大幅度缩小，水西门大街把两个湖泊的连接中断。此段片区由于城墙大部分被毁，原城墙遗址部分虽有绿带，但仍有大量住宅建筑侵占，且公园四周高楼林立，原有的带状空间肌理被道路和建筑凌乱切割，自然山水几乎被淹没，除三个公园和滨河绿地外，其余地段景观质量较差。

6.2.4 集庆门至通济门段

1) 自然及人造景观资源

秦淮河是南京的母亲河。在东水关处可以清晰地看见秦淮河分为两股：一股为外秦淮河在城墙外流淌，作为护城河；一股流进城内，形成著名的"十里秦淮"，两岸有典型的河房市井格局，更有中国四大文庙之一的夫子庙。如今以城墙为背景，沿外秦淮河已建成自集庆门至通济门的滨水绿道，其中包括西干长巷公园和东干长巷公园、武定门滨水绿地和东水关遗址公园等，景观连通性及生态环境较好，是难得的集文物古迹与生态绿化于一体的城中滨水绿地。此外，武定门至通济门之间的城墙内侧有曾是诸侯私家园林的白鹭洲公园（表 6-4）。

2) 破坏情况

护城河周边如今已建成滨水绿地，但城墙保护范围内仍有建筑侵占，如武定门旁的城墙脚下就是南京建国医院。城墙内侧有大量老住宅建筑侵占，且秩序凌乱，护城河南侧也有部分公共建筑如娱乐会所等侵占，

表 6-4 集庆门至通济门段城墙周边景观资源概况

名称	地点	建造（改建）年代	概况
白鹭洲公园	长乐路北侧	始于明朝，1929 年建公园	原是明朝中山王徐达家族的别墅。1929 年公园建成；1952 年结合秦淮河整治，公园疏浚扩地，建成以江南山水为主格调的文化公园
武定门滨水绿地	雨花门至通济门城墙与护城河之间	2001 年	武定门外，以城墙为背景，以植物配置、仿古建筑、广场为主要布景手法，沿城墙带状分布的滨水绿地，占地 4.6 万 m^2
东（西）干长巷公园	热电厂小门至雨花门城墙与护城河之间	—	由原太白遗址公园和老干长巷改造而成，以城墙为背景，是结合古长干里历史文化的滨水休闲绿地
东水关遗址公园	东水关遗址处	2005 年	以东水关遗址遗迹为主题的城市休闲小游园
胡家花园（愚园）	城西南隅胡家花园 2 号	2008 年至今重建中	最早为明朝中山王徐达后裔徐傅的别业，清代名人胡恩燮辞官归里，购下愚园故址，清光绪初年（1875 年）构筑愚园。其最大的特色是以水石取胜，号称"金陵狮子林"，为清末金陵最为著名的私家园林
瞻园	秦淮区瞻园路 128 号	始建于明朝初年	瞻园是南京保存最为完好的一组明代古典园林建筑群，也是唯一开放的明代王府，至今已有 600 多年的历史，素以假山著称，是江南四大名园之一，为国家级文物保护单位

影响了护城河原有的天际线。白鹭洲公园周边建筑密集度较高，入口几乎隐藏于建筑群之中，景观质量不容乐观。

6.2.5 通济门至太平门段

1）自然及人造景观资源

此段在中山门内明故宫遗址上建有明故宫遗址公园、午朝门公园和东华门遗址广场。中山门往北延伸，城墙依傍于中国首批 5A 级国家风景名胜区——钟山风景名胜区，自然条件可谓得天独厚。城墙脚下有月牙湖、前湖、琵琶湖，融山、城、池、林于一体，真正体现了城市山林的绝佳妙境。钟山风景名胜区有著名的明孝陵景区、中山陵景区、灵谷景区等，如今沿城墙已建成自中山门至太平门遗址处的游步道，月牙湖、前湖、琵琶湖各以带状及点状散落在城墙外围，成为城墙在绿林脚下的一处处灵动的空间，明城墙与护城河之间最窄处为 0 m，即琵琶湖段（表 6-5）。

2）破坏情况

通济门至标营门处城墙遗址被城市建筑侵占，覆盖遗址信息。标营门至太平门处城墙周边环境经过整治，且大部分处于钟山风景名胜区内，景观质量较好，但中山门处城墙上仍有私房侵占，严重影响城墙景观及文物保护。太平门遗址处被城市道路及各种建设用地侵占。

表 6-5 通济门至太平门段城墙周边景观资源概况

名称	地点	建造（改造）年代	概况
月牙湖公园	标营门至中山门段城墙外侧	2004 年	是以城墙为背景，依托月牙湖而建的滨水开放公园
半山园	中山门北白塘，清溪路附近，今海军指挥学院院内	始于六朝	半山园原名"晋谢公墩"，为谢安故居；北宋时为王安石宅第，后王安石捐宅给佛门建造寺宇，宋神宗赵顼赐名"报宁寺"。王安石葬于报宁寺（半山寺）后半山园
中山门绿地	中山门外立交桥下	20 世纪 90 年代	是以避邪为主题的观赏型绿地
琵琶湖公园	钟山西南角琵琶湖处	2006 年	是以亲水城墙为特色的山水自然空间
前湖公园	明陵路南端	2005 年	钟山山麓依傍前湖的自然山水休闲空间
钟山风景名胜区	南京市东郊紫金山	六朝至今	中国著名的风景游览胜地，首批国家 5A 级旅游景区，全区包括 84 个可供观光游览的景点，分为明孝陵景区、中山陵景区、灵谷景区、头陀岭景区和其他景点五大部分。其有钟山龙蟠的美誉，是南京名胜古迹荟萃之地，亦是全国生态文化示范地、世界文化遗产所在地
白马公园	紫金山西北坡，山水结合处	2000 年	集中展示了一大批原散落于南京四周，不利于保护和展示的珍贵石刻文物，是一座融知识性、休闲性为一体的公园
明故宫遗址公园	明故宫遗址处	1991 年	明代皇城遗址公园，现为展示南京悠久历史文化底蕴和市民休闲娱乐相结合的公园
东华门遗址广场	东华门遗址处	2003 年	东华门是现在南京明代宫城仅存的一座城门。其最南面的门券内仍保留着明代的路面，城楼顶有明代仪凤楼遗迹石础，能明显看出廊庑遗迹
午朝门公园	御道街北端午门遗址处	1997 年	因园南有明故宫午门（通称午朝门）而得名。1958 年午门和奉天殿所在地被辟为市民公园

6.2.6 太平门至神策门段

1）自然及人造景观资源

此段位于中国首批 5A 级国家风景名胜区——钟山风景名胜区的玄武湖公园内，城墙即玄武湖公园的西南部边界，紫金山、玄武湖位于城墙以外，鸡鸣寺、北极阁、九华山位于城墙内，包含了山体、湖泊和名胜古迹，形成"山、水、城、林"的典型开放空间，青山、绿水、闹城、古树都可望见，可以说是南京城墙风光最美的一段。除了玄武湖公园外，在神策门瓮城处建有神策门公园，九华山处建有九华山公园，以及南京的"城市客厅"——北极阁广场，是城市中难得的集绿色生态、休闲娱乐和文化教育于一体的公共开放空间，自然基底条件较好。明城墙护城河最宽处为 1 743 m，即处于玄武湖（表 6-6）。

表 6-6 太平门至神策门段城墙周边景观资源概况

名称	地点	建造（改造）年代	概况
九华山公园	太平门内，玄武湖东端	20世纪90年代	原名覆舟山，是钟山余脉西走入城的第一山丘，人称"城市山林"，海拔61 m。因山上旧有小九华寺，故俗称小九华山，简称九华山。近年来被建成专业体育公园
玄武湖公园	玄武巷1号，紫金山脚下	1911年	玄武湖古名桑泊，至今已有1 500多年的历史，是当代仅存的江南皇家园林、中国最大的皇家园林湖泊、江南三大名湖之一，被誉为"金陵明珠"
神策门公园	神策门瓮城处	2004年	是以神策门瓮城为主题景观的市民休闲公园
北极阁广场	北京东路与保泰街路口东北角	2002年	南京市主城区的城市客厅，以大量六朝时期的雕刻、砖墓壁面、浮雕、书法碑帖为背景塑造北极阁山体的主题景观，广场既流露出六朝文化的缩影，又体现现代化城市气息
鸡鸣寺	城北鸡鸣山东麓	始建于西晋，20世纪80年代改建	始建于西晋，是南京最古老的梵刹之一，自古有"南朝第一寺"和"南朝四百八十寺"之首寺的美誉，是南朝时期中国南方的佛教中心

2）破坏情况

城墙沿线景观环境总体保护较好，但是由于玄武湖隧道的隔断，这段城墙一直处于不连通的状态。城墙外侧部分邻近道路及住宅区，保护区被道路侵占，对城墙保护不利。太平门城墙处、神策门城墙处的别墅群等住宅建筑对景观风貌干扰严重。

6.2.7 神策门至狮子山段

1）自然及人造景观资源

此区段自然基底薄弱，护城河自玄武湖流经中央门至狮子山东大门。此区段只有几个小区内绿化环境尚可，其他区域几乎全被道路、建筑覆盖，仅存零星绿化，整体环境质量较差。

2）破坏情况

此区段城墙只留有中央门至钟阜路部分遗迹，城墙外侧多为公共建筑，内侧多为住宅小区，整体遗址、遗迹及周边环境保护不佳。

6.3 问题分析与总结

明城墙周边景观的人工营建始于民国时期《首都计划》颁布之后，短短10余年，成效显著。但自1937年抗日战争爆发至1949年中华人民共和国成立，这一时期，南京明城墙饱受战火的洗礼，城墙周边公园等开放空间也受到不同程度的摧残。1949年中华人民共和国成立后，南京园林部门曾一度对之前遭受战乱的公园、名胜等进行修缮、疏浚、增建，然而20世纪六七十年代遭遇的特殊时期，城墙周边的山体、名胜等再次被军队、工厂、市政机构等占用，城墙本体及周边环境都遭受无法弥补的伤害。改革开放后，城墙及周边环境所受的影响主要来自城市建设。这个时期，城墙的价值逐渐由实物价值转变为历史文化价值，政府部门开始展开对城墙的维修和其周边环境的整治工作，然而城墙的空间界面与快速发展的城市建设的矛盾也日益凸显。一方面，南京市政府花大力气对城墙、护城河及周边环境进行了大规模的全面修缮和整治，并规划建设了明城墙风光带，在改造历史景区的同时，兴建了一些新的开放空间。另一方面，城市的建设也在一定程度上破坏了城墙、挤压了城墙周边环境，如破墙开路、填埋护城河修路、高架路紧邻甚至穿越城墙、开挖自然山体修路等。由于人们保护意识的薄弱及巨大经济利益的驱使，一些道路、住宅、公共建筑等违章设施还是肆无忌惮地覆盖城墙遗址信息和侵占城墙周边环境，严重破坏了城墙周边的景观格局，并降低了城墙及开放空间的辨识度和可达性。

近20年来，南京明城墙保护越来越受到重视，其沿线风貌也发生了巨大变化，笔者通过现场踏查，对现有不足和问题做出分析和归纳，以期对明城墙整体保护及遗产廊道的构建提供依据。

1) 景观不连续，破碎化程度高

在战乱和社会动荡时期，明城墙及周边环境受损严重，而在快速城市化时期，城市的建设对城墙周边景观形态同样产生影响，虽然有些在城市化过程中是不可避免的，但是有些对古都风貌和历史遗迹的保护影响是巨大的，甚至根本无法恢复。

笔者调研发现，在城墙遗址上或紧邻城墙进行市政建设、开发地产项目、填埋历史水系、破坏自然山体开路等案例比比皆是。

首先是城墙断开处。南京明城墙京城城墙已残缺的部分约占城墙总体长度的1/3，保留部分以若干段不连续的状态存在，这本身就使得人们对城墙的认知和记忆出现严重障碍，而断点处如今已被城市道路或建筑所掩盖，令人完全感知不到原有的痕迹，比较典型的段落有光华门—通济门段、草场门—定淮门段、水西门—石头城段，以及城北新民门—中央门段；建宁路覆盖仪凤门和钟阜门遗址，定淮门大街至模范西路覆盖定淮门遗址，水西门大街至升州路覆盖三山门遗址，龙蟠中路覆盖通济门遗址，龙蟠路覆盖太平门遗址等（图6-1、图6-2）。这是造成南京明城墙目前总体辨识度不高及城墙景观不连续的主要原因之一。

其次是城墙周边环境容易被商业化地产项目侵占，或是被经济利益更大的市政项目如道路工程侵占。这使得城墙的可视范围变得过小，如在鼓楼、中央路这些距离明城墙仅大约200 m，并且有大量活动与人流的城市中心地区都难以意识到邻近城墙的存在。

最后是有些城市建设严重破坏了古都原有的景观格局。历史上被看

图 6-1 紧邻太平门段城墙遗址内侧的住宅小区　　图 6-2 被龙蟠路覆盖的太平门遗址

作凝聚"王气"的连绵山脉整体被分解，导致生活在南京城市的居民很难体会到这座城市本应具有的独特地貌，如城东干道"龙蟠路"切割了钟山蜿蜒连绵的"龙脖子"；城西干道"虎踞路"拦腰切割了石头山"虎踞"景观；住宅楼群"金陵御花园"挖去了覆舟山东面一部分山体，严重破坏了南京市"最美"的风水宝地，使得玄武湖东南面景观、覆舟山景观、紫金山西面景观都被破坏！

总体来说，由于城市用地的扩张，更由于人们对遗产保护认知的不足，以及保护措施的不到位，城墙原有的地貌格局被肢解，自然和文化遗产可辨识度降低，景观连续性和可达性降低，景观格局破碎化。而绿地斑块的破碎化和布局凌乱、缺乏连通，也进一步导致原有的生态廊道被割裂，生态系统稳定性变弱。

2）自然地理格局不彰显

历史上南京城就是由山、水、城、林几种景观交织而成，南京明城墙蜿蜒绵延于自然山水丛林之中，与南京的自然山水格局相得益彰、相辅相成。可以说，南京老城区的轮廓形态就是由明城墙、环城水系、自然山体等共同限定的。沿明城墙的周边本是连续不断的自然山水，绕行于城墙上，可以兼收城内的城市风貌和城外的湖光山色。沿城墙看风光曾是典型的市民游憩活动，以至于形成"爬城头走百病"的风俗。然而如今，历史上的河道水系大大缩短、变窄，甚至消失，河流水系网络已经断断续续，沿河目前还有大量建筑占据，河水需要进一步治理。连绵山脉已经被龙蟠路、鼓楼、上海路、虎踞路等切断和分解。伴随着城墙、城市道路和周边环境的变化，原有的自然格局被切割得支离破碎，自然特征所剩无几，如今置身于城墙之上，再也难以感受到那种流畅的空间节奏和旖旎的自然风光。

3）古都文化展示不明晰

南京明城墙不仅串联了南京的山水自然格局，也串联了南京的古都文化。正如前文调研显示，南京明城墙周边汇聚了大量的历史遗迹，这些历史遗迹和明城墙对南京古都风貌的展示起着至关重要的作用。如九华山（六朝称覆舟山）曾是著名的南朝皇家园林"乐游苑"遗址地；玄武湖内的"梁洲""翠洲"等几个岛屿是当年南朝帝王建造的，当时称"蓬莱""瀛洲""方丈"；中华门城堡的护城河南岸是历史上有名的古长干里，东水关遗址处可以清晰地看到南京的母亲河——秦淮河，其分为内、外两股，沿东水关至西水关城墙外围的护城河走一遭便走完了整个外秦淮河，内秦淮河两岸则是著名的"六朝烟月之区，金粉荟萃之所"；狮子山至定淮门处城墙串起了从太平天国到民国、从日本侵华到中华人民共和国成立很多中国近现代史上的重要时刻等。遗憾的是，这些重要的历史文化在相应的场所设计中都没有得到很好的展现，如玄武湖整个景区甚至连一个记述六朝皇家园林历史的碑刻都没有。

4）建筑遗产的环境特征不突出

南京明城墙跨越整个主城区，无论从体量还是形象上都具备了南京古城标志性载体这一特征。凯文·林奇等（1999）在《总体设计》中写道："每个基地，不论是天然的，还是人工的，从某种程度上说都是独一无二的，是事物和活动连接而成的网络。这个网络施加限制，也提供可能性。任何总体设计，无论多么带有根本性，总要同先前存在的场所保持某种连续性。了解一个地点需要时间和精力。老练的总体设计师经常为'场所的气质'而冥思苦想，绞尽脑汁。"南京明城墙这一独特建筑遗产的特征在周边环境的景观设计中却并没有得到充分的展现。就拿遗址公园为例，目前和明城墙遗址有关的公园或广场有汉中门市民广场、水西门广场、东水关遗址公园、明故宫遗址公园、东华门遗址广场、西华门遗址广场、午门遗址公园等，而有些遗址公园的做法却与普通的市民广场和城市公园没有太大区别，缺乏符合遗址公园特征的设计。笔者认为，遗址公园的设计首先是建筑遗址历史环境的修复，在保护"文物古迹实物遗存及其历史环境"的基础上再做景观设计，尽量兼顾历史环境的真实信息并融入现代生活，而不仅仅是对现存城墙或遗址遗迹周围做现代的环境艺术设计。除了明城墙本体周边环境设计外，其周边其他文物遗产的环境设计存在同样问题。

另外，就是明城墙周边环境的整治与建设不能仅仅是做环城绿带。并不是每一个城市都能拥有如明城墙这样高大壮美的建筑遗址，因此，建筑遗址环境的设计应遵循相应的手法和原则，如景观视线分析，建筑高度和建筑风格的控制，城市肌理、空间格局的保护等。明城墙如今的感知度和辨识度不高，在一定程度上也和周边景观的不协调和不适宜有关，如沿城墙种植高大乔木和色泽艳丽的花木，放置健身器材和儿童游乐设施等，都与城墙的高大、质朴、雄伟的风格极为不搭。

在南京明城墙"人类文化遗产价值"得到肯定与凸显的今天，全社会已将对城墙本体的保护与抢险维修看作保护城市文化、尊重城市历史、提高城市人居水平和塑造城市整体形象的途径。但明城墙不是孤立的单体，它与环境景观要素是有机的整体，因此，在认识到保护明城墙是保护人类共同的文化遗产的同时，我们更应关注明城墙周边环境的整体保护和构架，通过恢复文化遗产的自然基底、保护城市历史地理格局来达到历史环境的整体保护和延续。

7 明城墙遗产廊道保护与构建

综合前几章对主体资源明城墙的时间、地理及文化属性的系统分析，对明城墙沿线周边遗产资源的登录与评价以及对廊道环境景观资源的评价分析，本章将进一步探讨明城墙遗产廊道的整体保护与构建策略。

7.1 明城墙遗产廊道边界确定

根据前面几章的内容，结合登录的遗产资源分布情况、城墙周边的自然及人工景观的分布格局、城市交通设施等划定遗产廊道的边界。廊道边界一般为城市主次干道或山体、滨水绿带等比较明确的地理要素（图7-1）。具体来说，城墙外侧廊道边界自紫金山北边界按顺时针方向依次经过龙蟠路、樱花路、宁镇公路、环陵路、沪宁连接线、苜蓿园大街、光华路、中和桥路、秦虹路、龙蟠南路、应天大街、长虹路、南湖东路、南湖路、水西门大街、莫愁湖西路、汉中门大街、凤凰街、凤凰东街、龙园东路、郑淮路、热河南路、热河路、郑和北路、城河南路、金川门小街、护城河北路、龙蟠路；城墙内侧廊道边界自玄武湖西侧中央路按顺时针依次经过中央路、北京东路、龙蟠路、农场巷、北安门街、御道街、后标营、月牙湖滨河路、光华东街、大光路、健康路、升州路、鼎新路、王府大街、冶山道院、侯家桥、罗廊巷、牌楼巷、拉萨路、广州路、西康路、虎踞关、虎踞北路、大桥南路、护城河南路。

7.2 明城墙遗产廊道保护目标与原则

明城墙遗产廊道是以明城墙为主体遗产资源，串联周边沿线区域内多个文化遗产，并将文化遗产诸要素及关联设施结合起来的遗产整体保护的方式。这些遗产资源不是简单的聚集，而是共同见证了南京城市历史发展的沧桑巨变。它们看似零散，却因共同承载着丰富的城市历史文化信息而有着内在的凝聚力，它们是有机的整体。引入遗产廊道的保护理念，以建立明城墙遗产廊道为主要目标，采用整体而非局部的观点，针对遗产保护、景观保护、历史文化保护等多目标建立综合保护体系，对于明城墙的整体保护、城市文化遗产资源及文脉的保护、绿色廊道的

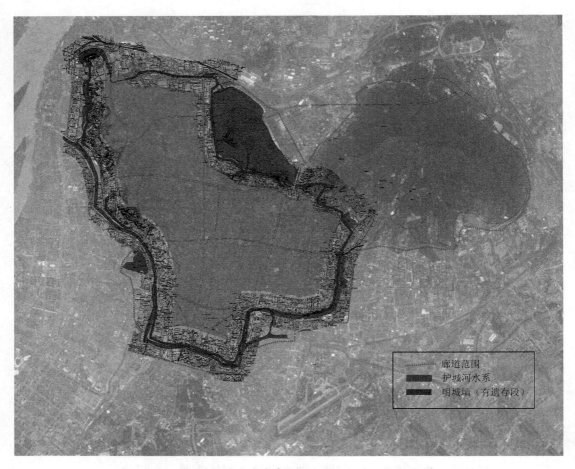

图 7-1　南京明城墙遗产廊道边界示意图（见书末彩图）

构建、城市规划特色的营造及发展旅游都有十分重要的战略意义。

7.2.1　保护目标

明城墙遗产廊道保护的总体目标是，对南京明城墙遗产廊道内的所有文化遗产资源，及其自然、经济、社会等多种要素进行系统的整体保护，并在新的社会经济背景下，改变原有的功能结构，促进对优秀传统文化的传承和推进社会文明进步。具体包括以下内容：

（1）保护景观尺度下遗产廊道内的所有文化遗产的历史价值，及其自然结构、经济结构和社会结构所构成的统一体。

（2）保护并修复南京明城墙的历史价值。有效保护好城墙遗产的独特品质和宝贵基因，不仅体现在城墙及护城河的物质载体上，还包括其社会、经济、自然要素的有机联系及整体历史风貌。保护文化遗产的原真性和系统性，并赋予其新的功能与意义，能够适应时代的需求，使其历史的发展具有连续性。

（3）保护并修复廊道内其他遗产资源的历史价值，保护遗产地的自然、经济、社会文化等诸多要素，保护文化遗产的原真性和系统性，并赋予其新的功能与意义，能够适应时代的需求，使其历史的发展具有连续性。

（4）保护遗产廊道的环境景观资源，保护其与南京古都城市地理格局的依存关系，通过生态恢复和景观更新，保护自然生态环境和人工绿地，构建遗产廊道的生态走廊，并使之成为城市生态基础设施。

（5）通过建立集生态、文化保护、休闲游憩及审美启智于一体的明城墙遗产廊道，在保护文化遗产的同时，塑造城市特色景观风貌，复兴历史文化聚集区，延续城市文脉。

7.2.2 保护原则

明城墙遗产廊道作为一种线性遗产区域，需要遵循区域整体保护的普遍原则。参考遗产保护的国际权威性文献，结合明城墙遗产保护的自身特点和具体情况，制定出以下几点保护原则：

1）系统性原则

系统性原则突出整体性，包含系统内部的整体性、系统与外部环境之间的整体性，以及系统的动态发展。南京明城墙遗产廊道是一个复杂的系统，这个系统不仅包括明城墙、护城河以及廊道内的其他遗产资源本体，还包括这些遗产的自然、经济、社会环境乃至与城市环境形成的一个更为复杂的系统。因此，只有运用系统性原则才能从整体和综合角度看待与解决遗产廊道保护的问题。

正如俄罗斯的普鲁金（1977）教授分析的那样：人们开始逐渐认识到历史环境的价值，将古迹与历史事件结合起来评价，然后逐步认识到城市规划体系本身的价值。

首先，遗产廊道内的所有遗产资源及其环境都应被视为不可替代的建筑遗产的组成部分，遗产廊道强调把自然和文化遗产合二为一，任何对遗产或环境因素的破坏都将影响到廊道整体。其次，遗产廊道的保护应该从城市规划的层面来看待，深入挖掘其价值和作用，通过遗产廊道的保护达到保护城市特色和城市格局的目的。最后，遗产廊道保护还应包含遗产环境中一切历史的、社会的、精神的、习俗的、经济的和文化的活动，即保护遗产环境所有动态的、有形的和无形的文化遗产。

2）真实性原则

真实性又称原生性、原真性。真实性是当今世界对文化遗产保护共同认可的原则，是国际公认的文化遗产评估、保护和监控的基本因素。B.M.费尔顿与J.诸克利朵在1993年撰写的《世界文化遗产管理守则》中指出了文物建筑、文化遗产的真实性涉及工艺的真实性、材料的真实性、设计的真实性、环境的真实性几个方面。《威尼斯宪章》中也提出了关于真实性保护的一些原则：它要求文化遗产所采取的任何保护措施都应当是可逆的，应当不影响以后的维修工程；要求把保护措施控制在最低限度之内；要求能够区分原有材料与维修中修补、增添的部分，要使维修措施具有"可辨识性"。梁思成先生很早就对中国城墙遗址保护提出了他的观点，他认为对文物的保护是"使它延年益寿，不是返老还童"，这也正是对文化遗产真实性的精辟解读。

遗产廊道是由它所聚集的各文化遗产及环境组成的有机整体。文化遗产的价值既属于创造文化遗产的那个时代，更体现在漫长的历史岁月中所沉积的各种历史信息。我们不仅应尊重文物的真实性，同样应尊重文化遗产所延续的历史信息，这不但涉及了社会意识形态，而且包含了物质生产基础等各种影响遗产的相关因素。遗产廊道的保护，要求遗产点不能破坏其真实性和历史文化信息，不能随意进行影响其历史文化价值的加建、改建。

3）协调性原则

1984年编制完成的《南京历史文化名城保护规划》以及《南京城市规划纲要》等文本在强调南京城市布局中突出古城格局及环境特色时曾明确指出，旧城的标志最有价值的当属明代四重城池。南京明城墙无论是形体、格局还是遗产价值都无愧于南京历史文化名城城市标志的称号。然而，城市标志的称号不应有名无实。作为文物古迹，明城墙与城市时空的矛盾是客观存在的，遗产廊道的构建为明城墙遗产功能的拓展打开了新的思路。基于对遗产价值的进一步挖掘和在城市空间布局中确定合适的定位，遗产廊道的保护应站在城市规划和发展的角度，注重与城市发展的协调，使其与城市发展相得益彰。只有遗产廊道与城市发展、空间格局以及人的生活协调发展，在人的文化活动和与之相适应的城市空间结合一体的前提下，文化遗产才能展现永续的活力，形成富有生命力的城市文化环境。这也是遗产廊道与时俱进、延续文脉的根本动力。

4）动态性原则

遗产廊道的保护应是发展的、动态的。明城墙遗产廊道要与时俱进，首先，遗产资源保护在方法、内容、深度、广度上都要留有一定的余地，灵活机动地制定、掌握及执行保护要求，保持保护工作的弹性，使各类新的观念、情况都能融入保护发展之中，及时跟上社会经济发展的步伐；其次，遗产廊道的构建不是一成不变的，它应与城市总体规划和相关的专项规划保持密切的互动关系，能与时俱进地做出相应的调整和完善。

5）高效性原则

遗产廊道内的遗产资源是一个庞大的体系，各种自然与文化遗产类型多样，价值高低不同，规模特色不同，在廊道保护中采取同一种保护方法是不恰当的。结合前面对遗产资源评价的信息，保护工作需要结合遗产自身的特点、价值的差异和资源受损而需要被保护的迫切程度分类别、有针对性地采取不同措施，突出重点，统筹安排，在有限的资金、资源基础上做好遗产廊道的保护工作。

7.3 明城墙遗产廊道的保护与构建策略

明城墙遗产廊道作为一个系统，其构建的核心是保护文化遗产的历史价值，整合遗产资源，将遗产保护与自然环境保护合二为一，并重新梳理构建遗产廊道与城市整体规划的联系，不仅强调遗产点的直接环境，同时增加遗产点之间"线"的联系，增加动态性和连续性，让人们能感受到历史的延续性和延展性。通过明城墙的串联，挖掘周边遗产资源的内在联系，将整条廊道物质环境的改善、绿色廊道的构建、解说系统的服务、游憩体验的组织与活动以及相关遗产的保护工作集中起来，更好地推进文化遗产的整体保护和利用，拓展遗产功能，全面深入地展现遗产的历史文化价值。

在廊道构建规划方面，遗产廊道强调从整体空间组织入手，保护廊道范围内的所有自然和文化遗产资源，并提供经济发展和休闲游憩的机会。综合目前学术界对遗产廊道构成要素的界定，其主要包括绿色廊道、游步道、遗产和解说系统，这也是遗产廊道规划的主要内容。根据明城墙遗产廊道的特征，其整体构建主要考虑文化遗产整体保护、绿色廊道的构建、解说系统的组织和交通系统的组织四个方面。

7.3.1 文化遗产的整体保护

景观层面的文化遗产是由遗产地的自然、经济、社会文化等多种要素构成的（佟玉权等，2010）。廊道遗产除了遗产资源自身所包含的要素外，还包括历史上及近现代形成的与文化遗产相关联的环境要素，如遗产地周边及所影响区域的产业结构、道路交通、河流水系、生态环境、建筑及街区布局、居民就业、社区生活方式等内容。因此，景观层面的文化遗产是由多种要素构成的自然、经济与社会文化的综合体。文化遗产要素不仅综合多样，还相互关联，它们通过一定的方式构成了具有整体性质的文化景观。

由此，为满足现代城市建设而对文化遗产及其周边环境的任何改动，或随意处置，都可能影响其作为文化景观的整体风格和质量，使文化遗产的完整性和真实性受到伤害。

1）遗产本体的保护
（1）物质文化遗产的本体保护
对于廊道内物质文化遗产自身要素的保护必须遵守真实性原则、修旧如旧的原则，建立整体、动态的保护观，维修工作应尽可能地按照原形制、原结构、原材料、原工艺进行修缮，减小对原物的干预，最大限度地保存原物，方能达到保护好文化遗产的目的。一般来讲，有保养、保持、修复、修建和重建等模式。

① 保养：针对已经维修好的或原状质量良好的单体文物保护单位，只进行常规检查和周期性与日常性维护保养。

② 保持：指保证安全或是保护遗产的原有状态，使其免受破坏或改变，通常而言包括维护、修缮、加固和增强。

③ 修复：基本保持原貌而稍加整修，这不只是保护遗产的完整性，还要呈现其原来的状态和价值，并提高初始设计的易读性。

④ 修建：拆古建再修建仿古建的模式，使其外表看起来有点像古建，但其实都是新建的。

⑤ 重建：拆除原有建筑，搬迁居民，按现代化大城市的理念打造新的景观。

（2）非物质文化遗产的保护

除了加快立法进程，依靠法律的普遍约束力对非物质文化遗产的保护做出强制性规范外，还应建立更多的非物质文化遗产传承保护基地或生态保护实验基地，如通过与学校教育结合等多元路径，努力培养传承人。

2）遗产自然要素的保护

景观尺度下的文化遗产是由遗产地的自然结构、经济结构和社会结构所构成的统一体，是"自然与人类的共同结晶"，具有复合性结构特点（佟玉权等，2010）。自然结构构成文化遗产地经济结构与社会结构的基础，历史上形成的任何文化景观都离不开自然环境的基础性作用。保护遗产廊道里的自然生态格局，是要保护山脉、水体、物种、地形地貌等。具体来讲，明城墙遗产廊道内的山脉景观主要是钟山及西延系列山脉，即紫金山、鸡笼山、鼓楼山系、石头城、狮子山等（表7-1），水系主要是秦淮河水系、金川河水系、长江等（表7-2）。保护廊道内的山脉水系，不仅是保护廊道的自然生态格局，也是保护南京的古都风貌。保护规划应该是保持山体连绵伸展的自然轮廓形态，保持山水相映的自然空间，并对自然山体加强保育工作。水系整治要与南京市整体水系统一考虑，加强治理，保持河流两岸的自然状态，反对在秦淮河沿岸建几何形态的码头，严禁各种城市建设侵占自然地貌，并要逐步拆除现有违章建筑及有污染的企业。

3）遗产社会文化、经济等要素的保护

文化遗产地往往见证了人类社会巨大变革时期的经济发展及社会生活，同时，作为现代人们的生产、生活环境也有着复杂的经济结构和社会结构。如明城墙不仅见证了历史，还反映了当时的政治、军事、经济、文化、行政建制、历史地理、寺院参与（当时古刹的僧侣也有摊派的筑城任务）、工役等领域，实在是一个综合的系统工程。我们在进行具体的保护和利用规划时，对廊道的每一个文化遗产要素都要做仔细评估和属性分析，在考虑各个要素与整体文化景观系统联系的基础上，确定其保

表 7-1 明城墙遗产廊道自然山脉景观现状调查

名称	位置	等级	自然景观资源	现状分析	保护及规划建议
钟山及西延系列山脉	城市东部，钟山、富贵山、九华山系列山系及玄武湖	国家级风景名胜区	钟山及其余脉山峦、紫霞湖等湖泊；木本植物113科600多种；动物以禽鸟类较为丰富	相对比较完整，自然山体基本保存	保护紫金山天然地貌和生态植被，保持钟山雄健挺秀的简洁轮廓，保持钟山与玄武湖之间山水相依的空间
	由东部延伸进入城市中心，鸡笼山、北极阁、鼓楼山系	—	山、水、城、林交融、著名历史地貌	自然山体尚存，被城市道路、建筑侵占较多，景观不连续	保持山体连绵伸展的自然轮廓形态，保持山水相映的自然空间，避免各种建设开发侵占自然地貌
	城市西部，石头城、古林公园、狮子山系	市级风景名胜区	山、水、城、林交融、著名历史地貌	景点之间被破碎分割，与城市发展有一定冲突	保持山、城、河、湖景观视线通透，保护现有山体地貌，加强绿化建设

表 7-2 明城墙遗产廊道自然水系景观现状调查

河流名称	位置	历史成因	历史景观	现状景观	保护及规划建议
秦淮河水系	外秦淮河，明城墙外	有二源，北出溧水东庐山，东出句容宝华山，于方山南麓汇合	沿河为新石器原始村落。六朝时期临水建有军事堡垒。明朝为护城河	长约10 km，为自然和整形驳岸，水体污染经治理后有较大改善	城墙与城池是有机的整体，城池多与江、河、湖相连。首先，应疏通自然河道，严禁填河建房；其次，建立滨河绿化带，规划应保持水系自然属性及真正的沿河自然积淀，延续文脉，不可造作。如内秦淮河沿岸古时曾是六朝金粉之地，沿河历代名人轶事甚多，规划应修复开放，或建纪念碑，或树碑立坊，或设雕塑；外秦淮河沿岸可重点打造重要节点，如中华门城堡、西水关、石头城、三汊河入江口等
	内秦淮河，明城墙内	与外秦淮河同源	商贸、歌舞、文化书院汇集地，古称"十里秦淮"	长约5 km，沿岸有大量居住、商贸建筑，为整形驳岸，水体污染经治理后有较大改善	
	莫愁湖	长江自然变迁遗留湖泊	周围湖泊、水塘甚多，明朝有胜棋楼等名胜	城市公园，自然和整形驳岸	
金川河水系	城市西部	源自清凉山、五台山，接通玄武湖和长江	新石器原始村落。明朝通长江交通水道，沿岸有郑和宝船厂	长约3 km，上游已经填塞，仅剩下游。沿岸有大量居住、工业建筑，水体污染较严重	
	玄武湖	钟山汇水	湖面浩渺，南朝在此训练水军，南岸有著名皇家园林	现代城市公园，自然和整形驳岸	
长江	城市北部	自然地理环境变迁	长江沿岸山峦连续，有"石头城""白石磊"等军事堡垒	侵占单位多且杂，沿岸山峦、江中洲地、沙滩等景观不连续	

护的级别和保护方式，并对其加以科学的利用。

7.3.2 绿色廊道的构建

对于遗产廊道而言，构建连续的绿地系统有助于为沿廊道散布的文化遗产形成统一连续的基底背景（王志芳等，2001）。绿色廊道是遗产廊道内除遗产元素和城市建设用地之外的所有绿地，包括人工绿地和自然植被覆盖的生态绿地。绿色廊道具有以下三个功能：首先，作为具有重要生态功能的廊道和自然系统；其次，作为具有娱乐观赏和游憩功能的绿道；最后，作为历史遗产资源环境载体的通道。

南京作为中国著名古都，本身城市形态襟江、抱湖、依山，其"虎踞龙盘"的风貌特色为千古称颂。明朝南京城蜿蜒于山水之间，如前所述，京城城墙的修建紧密结合了当时南京城的山形水势，利用自然要害形成易守难攻的格局，护城河的开凿充分利用当时的河道、湖泊等自然水系形成天然军事屏障。明城墙及护城河与自然基底相辅相成，明城墙绿色廊道对于文化遗产的保护以及南京城市历史地理格局的保护有着特殊的意义和重要性。它不仅有助于形成文化遗产的自然基底，有助于形成富有独特自然、人文、历史资源特征的城市景观，构建独具地域特色的城市绿地系统，而且有助于保护南京古都独特的历史风貌格局，使整个城市散发出独具魅力的光泽，对于整个城市战略性的经济发展也有重要意义。

结合第 6 章的分析内容，南京明城墙绿色廊道的构建应本着保护人类文化遗产的宗旨，结合南京市的城市定位和发展目标，以明城墙的形态特征和其所依托的自然地貌特征为脉络，增加绿地的连通性，提升绿地自身生态系统的稳定性，并凸显其所蕴含的丰厚而独特的历史文化内涵。

1) 再现自然地理格局，创造连续的遗产景观带

从生态的角度来看，绿色廊道是物质、能量和物种流动的通道。景观生态学家普遍认为，连续的廊道有利于物种的空间流动和本来是孤立的斑块内物种的生存和延续。

首先应逐步拆除城墙以及其他遗产保护范围内的住宅、企业、机关建筑等，在明城墙已不存在的部分，考虑沿城墙遗址位置设立标志和绿化带，保持廊道的完整性。其次规划应依顺山脉和水系，表现其所具有的地理景观美学特点，建立自然山水与古迹交融的遗产景观带。

明城墙所经之处有秦淮河、玄武湖、前湖、琵琶湖、紫金山、覆舟山、狮子山、石头城等著名的河流、湖泊和山岭，蜿蜒于自然山水之间，绿化规划应以连绵丘岗山系、河流城壕为骨干，保持山体轮廓的连续性和河流水网的完整性；以明城墙、自然山水地形为纽带，贯通周边现状各自独立的公园绿地、广场绿地、街头绿地，以及沿线一些具有游憩价值的景观元素（如山岗、林地、水体等），使与其相关联的生态区域一起被

连续的廊道连接和保护起来,构成完整的景观网络格局,并形成古朴苍翠、功能显著、风格浑厚的特有风格(图 7-2)。

2)整合历史文化、彰显古都风貌

明城墙周边有众多自然地貌,甚至每一个公园及街旁绿地都不是简单的绿化空间,它们蕴含着久远的历史文化,寓意深长。大多数遗产资源也是位于自然风景区或公园、街旁绿地内。

如古长干里早在春秋战国时代就已经是南京人口最密集的地区,也是本区域经济命脉所在,南京城市雏形——越城就位于此,秦汉、六朝时期都是南京最繁华的地方,并留有很多脍炙人口的诗文,如"青梅竹马""两小无猜"等。玄武湖寓意黑色的龙,历史上曾有三山神仙岛的传说,六朝时曾是皇家园林所在,其"梁洲""翠洲"几个岛屿都是南朝帝王所建,明朝是皇家档案册库。九华山(覆舟山)曾是著名的南朝皇家园林"乐游苑"的遗址地,南朝科学家祖冲之发明的水推磨也是在乐游苑试制成功的。鼓楼、北极阁、鸡鸣寺、九华山一带是极难得的六朝风貌遗址地,历史上曾有"水村山郭酒旗风"的景象。莫愁湖也是六朝胜迹,有

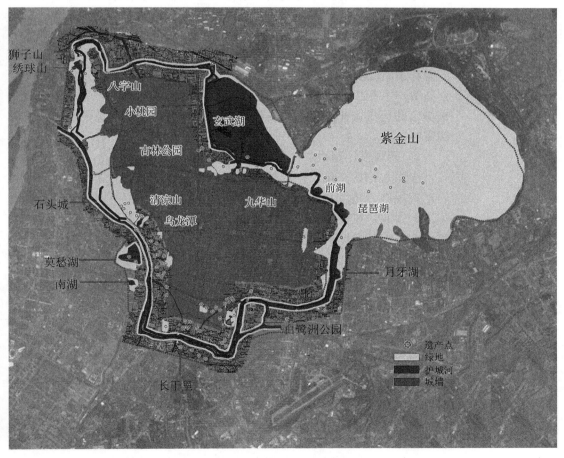

图 7-2 明城墙绿色廊道构建示意图(见书末彩图)

1 500多年的悠久历史，宋、元时即有盛名，明朝定都南京后更是盛极一时，清乾隆年间在园内建郁金堂、筑湖心亭。白鹭洲得名于李白名诗《登金陵凤凰台》的石刻："三山半落青天外，二水中分白鹭洲。"其在明朝永乐年间是开国元勋中山王徐达家族的别墅，天顺年间建有鹫峰寺，烟火鼎盛一时；正德年间，徐达后裔将其扩建为南京最大且雄伟的园林，曾是园主与吴承恩等著名文人的雅集之所。城西的清凉山石头城在六朝时期是重要的军事基地，宋元以后其军事地位减弱，却吸引了历代文人前来抚今追昔，王安石、苏东坡、龚贤、方苞、吴敬梓、曹雪芹、袁枚等都与清凉山结缘，扫叶楼、崇正书院、惜阴书院等使清凉山文化不断积淀。到了清晚期，清凉山不仅是南京文化的荟萃之地，也是全国文化的制高点之一。从晚清到民国年间，金陵中学、南京大学、金陵女子学院等一大批近现代学校在清凉山附近开办，直到现在，清凉山范围内的鼓楼区仍有20多所大学，可以说清凉山集聚了南京的精英文化。城西北狮子山至定淮门城墙一带不仅记刻着浓厚的明朝文化，还见证了南京历史上自太平天国至中华人民共和国成立的血泪史等。

这些都是具有文化意义的生态景观，是自然景观系统和城市景观系统在长期的历史时期相互作用所形成的富有古都特色的文化景观。绿化规划中应注重历史文化的提炼、挖掘和整合，使得遗产廊道保护和古都文化风貌结合起来，忌讳大量建设各种几何式广场，或者将"五花八门"的园林小品混淆其间。应将遗址保护与景观设计相结合，运用保护、修复、创新等一系列手法，对历史的人文资源进行重新整合、再生，既充分挖掘城市的历史文化内涵，体现城市文脉的延续性，又满足现代文化生活的需要。

3）景观设计尊重文化遗产历史环境

应深入挖掘文化遗产的核心要素，对文化遗产地周边及所影响区域的建筑规格等环境氛围进行规划协调，以保障大尺度范围内文化景观的和谐。因此，在做遗产廊道绿化规划时，除了宏观上构建连续的绿色基底外，在涉及遗产周边环境的景观设计时，还必须遵循建筑遗产环境设计的特质，而不仅仅是做绿化。为更加真实全面地保护、延续建筑遗产的历史信息，使建筑遗产的文化价值得到更好的体现，应考虑以下几点因素：

（1）城市肌理

保护建筑遗产外部空间环境的特征首先就是要保护它所在地段的城市肌理。这种肌理是一种富有历史意义的平面网络结构，它是经过漫长的历史过程演化而来的，对于地段传统空间形态的构成有着举足轻重的作用（张凯丽，2005）。

以明城墙为例，在古代社会，城墙具有防御、围合、限定和交通控制等功能（茹雷，2006）。随着社会的变革，到了近现代社会，城墙逐渐由城市构筑物的实用功能向历史、文化、美学等功能转变，城墙与城市

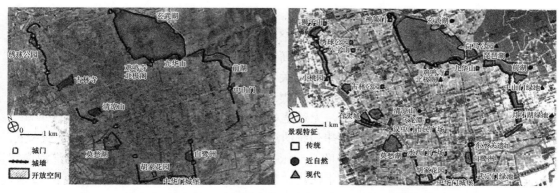

图 7-3　20 世纪 80 年代和 2008 年的南京城和沿城墙开放空间

一直围绕着"围"与"穿"的矛盾，周边绿地也是几经"废"与"兴"的周折。纵观明城墙的历史变迁，其早已与城市发展相互渗透、血脉相连，形成某种特定的城市肌理。城市肌理对建筑遗产以及外部空间有着极大的控制力，保护这种独有的城市肌理，保持它的个性化价值存在，无疑对遗产保护及景观再生有重要意义（图 7-3）。

（2）景观视线

景观视线是一种分析的方法和工具，是在某一场所中需要保持和必须展现的某种特色（张凯丽，2005）。以明城墙为例，城墙作为古代城市一种主要的防御工事，无论在建造初期，还是在使用的漫长岁月，其城外周边必须保持视线开阔和无阻挡，不应允许高大建筑和树木成为障碍物。意大利关于城墙保护就有一个重要原则，即城墙外百米范围内除了种草和保留历史小桥外，不允许有任何其他植物和建筑。2004 年修正的《南京城墙保护管理办法》也明确规定，城墙周边 15 m 范围内属于城墙保护禁区，只能种草，不能随意添加任何其他植物和小品，因为城墙裸露比遮掩起来更显沧桑、壮美。对于护城河，其靠城墙的一侧也不能选用高大浓密的树种，应保护其景观视线的通透（图 7-4）。而墙基两侧 50 m 范围内的建设控制地带，也应严格控制建筑的高度、体量和形式等因素，这也是提高明城墙感知度的主要措施。另外，玄武湖、富贵山、九华山、鸡笼山、石头山（即清凉山）、狮子山都是关乎南京古都风貌保护的重要景观绿地，应严格控制城市建设对景观视线和山水轮廓线的影响；对于一些建筑遗产，如内秦淮河边的河房、夫子庙等都有其独有的景观视线特征。分析和保护好这些景观视线是展现自然和文化遗产场所特色、保护文物古迹外部空间魅力的内在要求。

图 7-4　明城墙周边植物景观配置示意图

（3）空间格局

在建筑遗产环境中，空间格局的保护也是至关重要的，如街道长与宽的比例关系、沿街建筑高度与街道的比例关系、沿街的重复性、街区整体的组织方式与道路的关系等，以及具有某种特征的城市空间。如果忽视和破坏了文化遗产与周边环境的空间格局，那么，只捡起历史片段的只言片语的保护，无疑是对历史文化信息的巨大破坏。

如内秦淮河两岸传统的河房或河厅。传统秦淮河河房直接建于水上，下立木桩，上筑亭阁，一派"小桥流水人家"的景象。现在秦淮河南岸大多是20世纪80年代建设秦淮河风光带时兴建的"新河房"，为3—5层，中为小院，临河临街开窗，朱棂粉墙，高大的马头墙，再现了"青砖小瓦马头墙"的传统风貌，与传统风貌基本协调，现已成为南京市民俗旅游的热点和城市商业副中心。

再如，老门东地区（中华门城堡以东到江宁路，北到马道街，南到明城墙）在历史上曾有过长期的繁华与兴盛。早在三国时代，此处曾为东吴丹阳郡，大将吕范在此驻军屯营，形成了井井有条的行列式街道布局形态。到了东晋、南北朝时，此处渐成豪门宅第所在，各朝帝王在此或建苑囿，或营宫殿，使之成为士大夫会集之所，开始形成极富人情味的居住环境和空间形态。明朝朱元璋定都南京，南城城门聚宝门（后称中华门）旁一派繁华的景象，建筑布局以秦淮河水系和城墙为脉络，粉墙黛瓦，街巷纵横，前后贯通，呈官僚文士园墅宅第相望之势。近代，由于南京经济的衰落、交通方式的改变、城市中心的偏移，秦淮河一带逐渐衰败。虽然近年来政府对秦淮河的更新改造对老门东也有一定的带动作用，但是城市建设的更新，特别是城东干道的开通以及中华路的拓宽改造，使老门东地区的历史风貌岌岌可危。先后开发的木匠营小区、江宁路小区等多层住宅小区，令传统风貌格局荡然无存。现在，历史街区的格局和风貌虽存其旧，但整体环境的内涵与深意还有待挖掘和塑造。以前，这里是与日常生活息息相关、文化根底深厚、地方感和历史感极强的居住区；而现在，新近的改造使其成为一条颇具历史情怀的商业步行街，在文化影响力方面仍有待提升。老门东地区空间环境结构产生于这里的社会活动，原本是与秦淮河文化融为一体的历史过程，而现在这个过程已经中断。各种商业、日常生活、旅游休闲、文化教育活动之间相互分离，空间功能相互抵消，无法形成强有力的吸引力。因此，传统文化与传统空间格局特色是老门东地区的"生命"所在，必须在历史街区保护中继承和发展。

（4）植物绿化规划

整体绿化风格要自然而朴实，和遗产保护相协调，不能破坏遗产周围环境的和谐统一，以绿色空间为背景衬托展示遗址景观。每一个传统景观都有自己固有的绿化特点，这也是体现其风貌的重要环节。在一个有历史意义的空间中，绿化并不是面积越大就越好，树木也不是数量越多就越好,要根据各自的特色,配合体现出场所固有的特点。如城墙两侧15 m范围内应只种植草坪,而不应种植高大乔木。另外,总体植物绿化应按照生态原则,尊重大自然的面貌,尽量体现自然地形和环境特征,极力体现自然美。树种的选择应尊重自然植被生存、发展的规律及适地适树的生态学原理,挖掘推广优质乡土树种,构筑南京地域特色,并增加植物配置的生态多样性和景观多样性。

7.3.3 解说系统的组织

解说系统是遗产廊道的规划重点之一,也是一个加深公众对区域以及主题资源重要性理解的桥梁。解说系统可参照土地利用、遗产资源、保护目标、休闲游憩目标等因素的不同而灵活设置,以考虑到大众的接受程度和教育娱乐等目的(施然,2009)。为了充分体现遗产廊道的核心特征,反映文化特质及遗产的综合价值,解说系统需要解决以下几个问题:

(1)解说主题:遗产廊道的遗产资源、地理位置、领域范围、特性、自然背景状况等决定了不同的解说主题。同一遗产廊道在不同地段之间也应有所差别(施然,2009)。

明城墙遗产廊道首先应确立以明城墙、护城河以及其所依托的自然地理格局为整个廊道的核心主题,再根据廊道内其他遗产资源的历史文化内容、分布特点、地理环境特点等对整个廊道的不同地段确定不同的解释性分主题,继而强调不同的解说内容。笔者认为,解释性分主题是整合、串联廊道内单个的历史文化资源,使其获得内在凝聚力的重要方式。

结合前面第3—5章的内容,笔者对分布众多的遗产的时空特点、社会文化特征等进行了分析,归纳出除了这些年突出强调的六朝文化、明文化、民国文化和已经成为显学的明城墙文化、钟山文化,还可以从其他角度来认识,比如革命文化、建筑文化、园林文化、妈祖文化、儒学文化、清凉山文化、古长干里文化、陵墓文化、秦淮文化等(表7-3)。因此,笔者从南京历史文化的多元性角度出发,提供廊道解释性分主题的思路,以时间、事件、自然地理、遗产类型、文化内涵等为线索,深入挖掘遗产资源的历史文化特色,在结合南京古都历史发展的时间地理特点和遗产资源的综合属性特点的基础上进行概括归纳,本着体现地区最重要的文化遗产价值,激发人们的生态保护意识,增强人们对本地文化的认同感的原则,不同地段依据不同的现状条件和历史沿革,提供不同的解释性分主题思路(表7-4,图7-5)。

(2)解说层次:决定了解说的位置与内容。具体可分为六个解说层次。

整体:明城墙遗产廊道的概貌介绍、历史变迁、廊道性质与功能,廊道带来的城市各区段间的交流和相互影响等。

区段:可结合前文普查工作将廊道分为七个段落,每个区段结合可见的景象特色,讲述本区段独特的历史、经济、文化等。

表 7-3 明城墙遗产廊道解说线索与主题释义

线索	解说主题	简要释义
时间	城市起源	公元前 333 年,战国时期楚国在清凉山西边的石头山上建金陵邑。公元 212 年,东吴孙权在金陵邑的基础上修建石头城。公元 229 年,东吴定都建业,使南京第一次成为封建王朝的都城,在南京城市发展史上具有划时代的意义。石头城作为城市起源地,随着政权更迭、时代变迁,一直承载着不同的功能与文化
	六朝文化	魏晋南北朝时期的中心就是南京,当时称建康。南京城在中国历史上最辉煌、最灿烂的篇章就是六朝时期的 300 多年。六朝建康城大约就在鸡笼山、覆舟山一带。当时,建康城内外,南朝帝王兴建了 30 多处皇家园林和离宫别苑,杜牧在鸡鸣寺称颂六朝都城:"千里莺啼绿映红,水村山郭酒旗风。"如今的六朝古都风貌遗址主要集中在鼓楼、北极阁、鸡鸣寺、覆舟山这一条线上
	南唐文化	南唐,属于五代十国之一,定都金陵,历时 39 年,有先主李昪、中主李璟和后主李煜三位帝王。南唐三世,经济发达,文化繁荣,为中国南方的经济开发做出了重大贡献。南唐江宁府城在六朝"建康城"的位置南移,将内秦淮河并入,以外秦淮作为护城河。自六朝至南唐,南京城市自北而南的轴线基本形成,大致由今洪武路至中华路直抵中华门。朱元璋建明城墙即在南唐江宁府城的基础上拓建新城
	明文化	明文化是南京城市文化的典型代表。1368 年,朱元璋建立明王朝,定都南京。从六朝到明清,只有明初,南京才成为全国统一王朝的首都所在。从朱元璋经建文皇帝、永乐皇帝,三代皇帝在此统治全国达 53 年,直到 1421 年迁都北京,南京作为留都。在明朝 270 多年的发展过程中,南京对中国文化影响之深远未可限量。明文化代表了中国文化发展的又一高峰
	太平天国文化	太平天国于 1853 年一举拿下金陵(南京),并定为都城,号天京,于 1864 年沦陷,共历 12 年。太平天国运动是中国历代农民战争的最高峰,这场运动不但沉重打击了清封建王朝,而且还猛烈批判了统治中国两千多年的封建传统文化(其核心是儒学),谱写了自己的文化篇章
	明清文化	明朝期间,南京先后作为都城和陪都。清灭明后,南京为江宁府,清政府在此设两江总督,南京成为清政府统治东南地区的中心。中国封建社会的最后两个朝代,在南京有丰厚的文化遗留,是目前南京留下的文化遗产中数量较多、影响较大、类型也较丰富多样的
	民国文化	1912 年 1 月 1 日,孙中山在南京就任中华民国临时大总统,选择南京组建临时政府。1927 年,国民政府在南京成立。至 1937 年,南京城市建设取得较大成就,城市格局、风貌等都发生深刻变化,被称为南京近代建设史上的"黄金十年"
遗产类型	建筑文化	建筑就像一个足迹见证了南京的一段段历史,犹如长江水在这儿回旋陡转,历史在这儿也留下了深刻的印记——由砖、石、木构成的建筑文化。南京建筑文化按照时间线索可有史前和早期建筑文化、六朝建筑文化、明代建筑文化、清代建筑文化和近代建筑文化。南京的建筑虽几经起落,大部分已被岁月的江涛裹去,但它始终立在中国历史的主轴上,它的主流性、兼容性、有机性与深厚的历史文化根基是我们足以引以为傲的财富
	园林文化	南京园林曾有过辉煌的篇章,最多时拥有 170 多座江南园林。比较著名的有六朝时期的皇家园林、私家园林、寺观园林,以及明清时期的私家园林和寺观园林,如甘熙故居后花园、瞻园、愚园、芥子园、徐达东园、遁园、半山园等
	陵墓文化	南京紫金山钟灵毓秀。受中国传统风水观念的影响,六朝以来,紫金山成为历代王朝修筑陵墓、建造寺观的理想场所,造就了其独具风格的陵墓文化。早在三国时期,孙权死后就葬于紫金山南麓(今梅花山下)。钟山之阳独龙阜下,是明朝开国皇帝朱元璋的陵墓,明孝陵是中国现存的古代最大的帝王陵墓之一。钟山之阴是明朝开国元勋中山王徐达、开平王常遇春、岐阳王李文忠等功臣墓。紫金山陵墓中最重要的无疑是位于钟山南坡中段的中山陵

续表 7-3

线索	解说主题	简要释义
遗产类型	工业遗产	20世纪遗产和工业遗产是人类发展史不可或缺的记录，南京在这方面的遗产十分丰富，如晨光机器厂遗址、南京第七二四研究所船舶重工业基地等。保护20世纪遗产和工业遗产，将使文化遗产的社会功能更加完美，使城市文化特色更加鲜明
文化	儒学文化	儒学文化是中国历代统治者所推崇的主流文化，对中国文化的发展起到了决定性作用，其创始人是春秋时期的孔子。儒学文化与南京渊源由来已久，尤以秦淮河夫子庙一带为甚。夫子庙就是供奉和祭祀孔子的庙宇，为中国四大文庙之一，内有全国之最的孔子青铜像。秦淮河六朝时即成为名门望族聚居之地，文人荟萃，儒学鼎盛。南宋始建的江南贡院，成为中国古代最大的科举考场，使秦淮河逐渐成为江南文化中心。在清代，江南贡院考区高中状元者达58名，占清代状元总数的52%。吴承恩、唐伯虎、郑板桥、吴敬梓、翁同龢、张謇等均出于此
文化	妈祖文化	妈祖文化是海洋文化的一种特质，明代郑和下西洋就是体现海洋文化的特征。妈祖又名天妃，明永乐五年（1407年），郑和第一次下西洋顺利回国，为感谢天妃保佑海上平安，明成祖赐建"天妃宫"，并亲自撰写碑文，立御碑于宫中。其后，郑和六次下西洋，每次出航前都要到天妃宫专门祭拜妈祖
文化	民俗文化	南京民俗文化极富特色，尤其是老南京的历史典故值得重视，如"夫差铸剑冶城山""范蠡筑城长干里""长乐渡边朱雀桥""献之迎妾桃叶渡""周处读书赤石矶"等，这些都是极具地域特色的非物质文化遗产，要重视保护与传承
自然地理	清凉山文化	清凉山文化可以说是南京的精英文化代表，是南京文化的重要组成部分。公元前333年，楚威王就在山上建金陵邑城。公元212年，孙权又在此建石头城，置烽火台。城以山名，山又以城名为石头山。在长江缠绕山麓而过的很长一段历史时期里，清凉山均作为险关要隘。历史兴废，长江悄然离去，六朝金粉不再，清凉山也失去了往日的威武，却化成滋育诗歌的沃土，留下众多名胜古迹，包括三国时的乌龙潭、清末思想家魏源的故居、两江总督陶澍所建的"惜阴书院"、纪念唐代大书法家的颜鲁公祠、明嘉靖年间所建的崇正书院、五代杨吴时所建的清凉寺遗址、诸葛亮驻马坡遗址，以及随园——曹雪芹、袁枚故居遗址等
自然地理	钟山文化	钟山文化被认为是最能代表南京的文化。钟山上有两座对中国历史有过重大影响的先人陵墓——明孝陵和中山陵。朱元璋和孙中山的开拓精神为钟山赋予了灵魂。钟山有特殊的军事文化内涵，晋代苏峻、宋代韩世忠，一直到太平天国天京保卫战等，都在这里留下浓重的一笔。到了民国时期，钟山更是被称作"民国文化策源地"，成为南京文化的核心标志
自然地理	秦淮文化	秦淮河是南京古老文明的摇篮，它见证了金陵古城的诞生和发展，秦淮文化植根于博大精深的祖国文化，如孔孟文化，江南贡院是历史上最大的科举考场。秦淮河有太多的文化积淀，范蠡曾于秦淮河畔建"越城"；秦淮乌衣巷一带，曾居住过东晋时著名的王导、谢安；顾恺之作画瓦官寺；李白七下金陵城；杜牧三游秦淮河；文天祥怒题明德堂；朱元璋对联秦淮河；吴承恩寄迹秦淮岸；金圣叹斩首三山街；吴敬梓明信官写儒林；秋瑾明志夫子庙；孙中山演讲聚星厅等。这里曾造就过唐伯虎、郑板桥、吴敬梓、吴承恩、林则徐、邓廷桢、曾国藩、左宗棠、李鸿章、陈独秀等名士
自然地理	古长干里文化	古长干里区域相当广阔，历史文化资源点众多，可以用十句话概括：金陵古城始长干（越城），文人大家咏长干，兵家攻防争长干，商肆贸易聚长干，佳园美景筑长干（小西湖、愚园、杏花村、凤凰台等），佛教烟火绕长干，金陵胜迹汇长干（长干故里、秦淮渔唱、报恩寺塔、赤石片矶、杏花沽酒、雨花说法、凤凰三山等），官窑琉璃产长干，军工基地奠长干，忠烈埋骨耀长干。古长干里文化，一定意义上就是南京历史文化的缩影
事件	革命文化	南京是中国近代史的发端与终结地，从《南京条约》到渡江战役，可以说是中国近代史的一部缩影。其间，1853年太平天国定都南京，1912年1月1日孙中山在南京就任中华民国临时大总统，南京大屠杀，"五二〇"运动，国共和谈等，都是中国近现代史上的重大事件

表 7-4 明城墙遗产廊道解说系统示意

区段	解说分主题	遗产节点区	景象特征	主要遗产资源
狮子山至定淮门段	明文化 妈祖文化 革命文化	狮子山景区	古城北面天然屏障，濒临长江，自然山体景观，著名历史地貌	阅江楼基址，天妃宫，静海寺，三宿名岩，曾水源墓，仪凤门遗址，太平军破城处，江南水师学堂，渡江胜利纪念碑等
定淮门至清凉门段	城市起源 六朝文化 清凉山文化	古林景区，石头城景区	山峦连绵，河流萦绕，山头古迹遥相呼应，内外秦淮汇入长江	清凉寺，崇正书院，一拂清忠祠，扫叶楼，善庆寺，清凉台，石头城等
清凉门至集庆门段	六朝文化 明文化	莫愁湖景区	莫愁湖、南湖、乌龙潭三个城市湖泊镶嵌于城西南，汇集着众多历史风景名胜	颜鲁公祠，汉中门，西水关遗址，朝天宫，太平天国壁画，天朝总圣库，肥月亭，锁龙桥群，胜棋楼，郁金堂，粤军阵亡将士墓等
集庆门至通济门段	明清文化 民俗文化 南唐文化 古长干里文化 园林文化 建筑文化 儒学文化 工业遗产 秦淮文化	中华门景区，秦淮河景区	古城轴线南端，城外是山岗起伏的丘陵地带，古称长干里，城内是"十里秦淮"的风雅之地	胡家花园，马道街古建，鹰福街古建，中华门，西街古建筑群，大报恩寺遗址，泾县会馆，乌衣巷，夫子庙，瞻园，太平天国官衙建筑，文德桥，鹫峰禅寺，周处读书台，光宅寺，伏龟楼遗址，吴敬梓故居，桃叶渡，文正桥，淮清桥，东水关遗址，晨光机器厂遗址等
通济门至太平门段	民国文化 陵墓文化 钟山文化	钟山景区	大型自然地貌，湖光山色，生态植被，以中山陵等名胜著称	中山陵，明孝陵，廖仲恺何香凝墓，蒋陵（孙权墓），博爱阁，谭延闿墓，颜真卿碑林，定林寺陆游摩崖题刻，灵谷寺无梁殿，邓演达墓，范鸿仙墓，天保城，地保城，常遇春墓，太平天国清军入城城墙缺口碑，吴良、吴祯墓，古（明清）天文仪器，白马石刻群等
太平门至神策门段	六朝文化 园林文化	玄武湖景区	大型自然湖泊，山、水、城、林交融，六朝风貌遗址地，著名历史地貌	九华山三藏塔，玄奘寺，武庙闸，郭璞墩遗址，武庙遗址，台城，药师佛塔，宋子文公馆，徐悲鸿纪念馆，李宗仁公馆旧址等
神策门至狮子山段	—	—	城墙遗址被覆盖，但护城河仍然清晰，金川河经此自北南下，此段是随着中华人民共和国成立后城市用地向城北扩张逐渐发展起来的	神策门，金川门遗址，钟阜门遗址，中央门遗址，城墙遗迹等

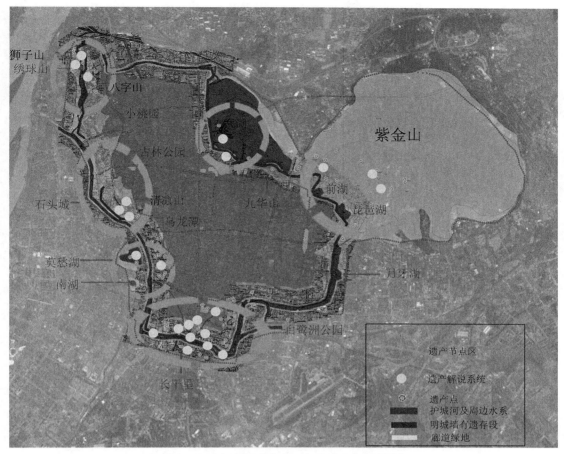

图 7-5 明城墙解说系统示意图（见书末彩图）

解说中心：将廊道区段内重要节点区附近分布的核心历史和自然资源与解说项目串起来。

解说点：对节点的建筑或考古遗存、物质或非物质遗留、文献记录和其他方面的证据统一整理，实行具体详细的单个解说项目。

解说重点：解说的重点应该是正在或已经消失的当地生活方式和历史记忆，如狮子山景区应重点解说明文化在此留下的烙印，石头城则重点讲述有关城市起源的历史和六朝文化。

解说手段：针对不同的位置、内容，采用不同的解说形式。手段选择应注重生态性和文化性，可采用的解说方式有：挂牌立碑、平面图、传单、旅行指南、不同语言的纪念性出版物和参考书；导游或解说员、自我导向型游道规划；博物馆、纪念馆、展览、模型、建筑材料的样品、工艺品的复制品、图片或硬币；透视画、收听设备、便携磁带播放机，也可通过举办参与性活动、媒体宣传、电影、电视、录像、幻灯与图片、戏剧、音乐、声光展示、灯光等来突出效果。

这里笔者根据明城墙遗产廊道的具体情况重点推荐以下两种解说方式：

①挂牌立碑。举凡文物保护单位、重要近现代建筑、市民广场、其他历史文化资源点，包括已经消逝的建筑、街区、寺庙、园林等，都应当选取适当的位置，或挂牌，或立碑，将相关历史人物、历史事件等配以简洁文字刻写在碑牌上，使人明其由来。廊道中数以百计的标识牌不仅使整个廊道及城市显示出浓厚的历史文化氛围，而且使广大市民和外地游客对古都南京有更多的认识。②设立博物馆、纪念馆。博物馆、纪念馆是人类文化记忆、传承和创新的重要阵地，是公共文化服务体系的重要组成部分，博物馆也是地域代表性文化的汇集地，是国民教育的特殊资源和阵地。南京现在已经有各种类型的博物馆，但是在数量上还可以进一步发展。如建议在朝天宫建立南朝（宋、齐、梁、陈）历史博物馆，在武定门南唐伏龟楼遗址建立南唐历史博物馆，在阅江楼或大报恩寺建立明朝历史博物馆等。明城墙作为廊道核心遗产资源和"申遗"的独特历史文化资源，建议建设一座有一定规模的专馆。通过博物馆的建立，南京市民和外地游客会对廊道乃至南京丰厚的历史文化内涵有更深入、更全面的了解。

7.3.4 交通系统的组织

1) 主要原则

（1）游道的选线要考虑自然和历史文化两个方面。自然方面要顺应自然山水地势、不破坏重要的自然景观，并能够使人欣赏、体验优美的自然环境；历史文化方面要确保每一个文化遗产的可达性，并充分挖掘、利用原有历史性路径，让人们在运动中感知历史。

（2）规划包括护城河水上交通、自行车道、游步道、景观道等多种游览方式，让游客在不同情况下利用，以体验廊道历史及文化。

（3）廊道的每一段应该能够反映不同的主题内容和景象特色，游线的历史和文化背景应该强调本段独特的历史及特色。游客应该能够选择一段或整个遗产廊道进行体验。

（4）强调廊道各段和关键性遗产节点的交通进入点，在尽可能利用现有交通线路的基础上，根据各段情况补充潜在的交通线路。

2) 具体布置思路

（1）利用较完整的护城河水系开发环绕整个廊道的水上游览项目，而不仅仅局限于城墙状况较好的段落。这将非常有助于人们在心理上建构南京明城墙的布局形态，增强对廊道的整体认知。由显形的城墙（现存城墙）和隐形的城墙（环城水系）建构出一个比较完整的环绕明城墙和串联整个廊道的水上游览路线，这样，被分成七段的城墙就不是孤立的，而是被串成了一个有机系统，解决了现存城墙由于过度分散导致的城墙认知度低的问题。

（2）在前面建立的绿色廊道的基础上，规划在明城墙与护城河之间、护城河外侧及城墙内侧建立串联整个廊道的非机动车道路系统。该道路系统环绕整个明城墙，为多条并行闭合环路，展现廊道的遗产资源。护城河两侧道路应结合滨河绿带，整体道路不要设置宽大的水泥路面，不要用瓷砖铺装地面，风格应朴实自然，不同地段之间应突出特有的风格。且这里应有关于整个廊道的以及各个区段的详细解说系统。对于城墙早已不存在的部分，考虑沿原城墙位置设立标志和绿化带，维持城墙和廊道道路系统的相对完整性。

（3）在上述环形闭合道路的基础上，设置通达每一个遗产点的游步道。选线应结合周边交通系统，并尽可能穿越一些景色优美，或有历史意义，或有游憩价值的人文自然景观。

（4）明城墙也是一条重要游道，人们可以在城墙上开展散步、跑步、骑自行车、游憩健身等多种活动，还可以极目眺望，忆古思今，满足现代人追忆历史、观赏自然以及休闲游憩的需要。这将是一条绝无仅有、古今辉映的独特游览线。

（5）尽量将廊道内的各种交通方式与城市公共交通系统、邻近社区的交通系统（特别是非机动车道）以及周边绿地系统（特别是公共开放空间）相连，从而增加廊道的可达性和便捷性，并使廊道的不同段落向更多人开放。

7.4 明城墙遗产廊道保护性开发策略

明城墙遗产廊道内的遗产保护包括明城墙、护城河体系和明城墙周边系列文化遗产。对这些遗产进行保护性开发，在使其得到有效保护的同时，进一步增强其社会、经济、文化持续再生活力，成为认识城市历史、重拾过往回忆、延续城市生活的城市功能区，是对遗产廊道理论和实践探索的深化。

7.4.1 保护层级的划分

保护性开发中保护主要针对遗产保护范围内的遗产本体、历史环境及历史文化价值的保护，开发则主要针对廊道内遗产保护范围之外的环境，以促进整体廊道地区的经济发展；在核心资源区外围设立缓冲区，使核心资源从缓冲区的教育、文化项目以及区域市场中获益。

为了便于管理控制，可以从宏观上将廊道保护范围分为三个级别（图 7-6）。

（1）核心保护区：此区域是遗产廊道

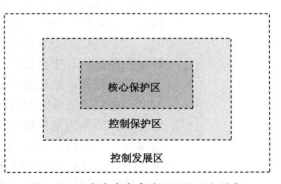

图 7-6 明城墙遗产廊道保护性开发模式

的核心资源区，主要包括前文遗产廊道资源评价中得分在 50 分以上的重要遗产资源。对于此区域内的遗产点及其环境，需要保护其历史信息的真实性与完整性。尤其是价值很高的世界级或国家级重点文物保护单位，需要严格保持其原貌与格局。保护与展示措施、设施不得破坏遗产建构筑物现状，或对其构成威胁。保护和展示设施的设置应与遗产的整体环境与历史氛围相协调。重要遗产点的维护、加固、修复必须按原貌以"整旧如旧"的原则进行。

（2）控制保护区：此区域是维护廊道遗产真实性与完整性的控制保护区，区域内主要是综合评分 50 分以下的遗产点。对于此区域内的遗产点及其环境，需要在一定程度上保护其历史信息的真实性与完整性，但可以有所改变，允许一些非永久性和非破坏性的加固、增建等，适度开展户内外游憩活动，适当发展具有特色的展示、解说活动。

（3）控制发展区：此区域是对廊道遗产整体风貌与价值有影响的区域，属于廊道的外围发展区域。可以适度开发与廊道遗产主题相关的商业游憩活动，改建、加建与廊道遗产功能及风貌协调的建构筑物。其主要目标是有利于保护遗产，拓展遗产功能。

7.4.2　保护性开发模式

针对明城墙遗产廊道中的文化遗产，如古渡口、古桥梁、河房、园林、名人故居、寺观、古街、台矶、古墓等几个大类，也包括一些尚无保护等级的历史遗址、遗迹，除了保护之外，有的还可以通过功能更新，使其历史文化特质随着城市的不断发展而呈现自身的活力。

（1）利用较大型的建筑遗产，著名历史地貌或有名的历史典故、事件遗址地，开发建设遗址公园、遗址广场等，将遗址保护与展示相结合。目前已建成的有中华门城堡、东水关遗址公园、汉中门市民广场、水西门广场、石头城遗址公园、明故宫遗址公园、午朝门公园、东华门遗址广场等。其实还可以开发更多的遗址公园或遗址广场，如大报恩寺遗址公园、胭脂河天生桥遗址公园、六朝遗址风光带等。但是笔者想强调的是，遗址公园或遗址广场的开发建设切不可以产生经济为目的按商业规律来改造，否则只能是残害文化遗产。

（2）划定历史文化街区、风貌保护区，对其文物古迹和能突出城市特征的地方进行重点保护，充分展现其所蕴含的某一时期的历史风貌和文化信息资源，展现城市历史文化特色，同时提升功能，与城市更新相结合。南京的很多历史街区已被无可挽回地完全拆除，留下历史的遗憾，这是城市更新所走的极端——毁灭历史。对于廊道中保存较好的或者还有部分保留的历史街区或古建筑群，建议在保存历史文物古迹原真性的前提下，构建历史文物古迹与城市更新的良好关系，保护历史街区的传统风貌和空间格局，传承其所凝聚和积淀的深厚文化内涵。

（3）保护利用历史园林遗址，建成以历史园林遗址展示利用为主题的城市文化公园或社区文化游园，如瞻园、胡家花园、半山园等。对于一些历史价值较高但现已无存的历史园林，可在其原址或附近建立主题公园，着重保护和展示非物质文化遗产，如可园（安品街 20 号）、芥子园（周处读书台附近）等。这些园林遗址较多分布于老城区中，可以很好地改善老城区的居住环境和绿地布局。

（4）结合名人故居或历史建构筑物设立博物馆、艺术馆、展示馆、展示厅、纪念馆等，如朝天宫现改建为南京市博物馆，白鹭洲公园鹭峰寺现为书画展览室等，都取得较好效果。其他如太平天国天朝总圣库、太平天国建筑及壁画、李宗仁公馆旧址、宋子文公馆、泾县会馆等可以考虑类似的更新改造。

（5）对一些历史上的商业繁华地带和充满民俗市井味的地方，在保留其建筑风格、延续历史文脉的同时，将其改造为特色休闲商业区段（生活中心、餐饮、茶楼、休闲酒吧、舞台剧场等），既可增加该地段的活力，又可促进旅游和经济的发展，如城南的夫子庙、内秦淮河两岸十朝遗存遗址。

（6）对少量已消失的文物保护单位进行重建和复建（《中国文物古迹保护准则》第 25 条规定已不存在的建筑不应重建）。文物保护单位中已经不存在的少量建筑，经特殊批准，可以在原址重建的，应具备确实依据，经过充分论证，依法按程序报批，在获得批准后方可实施。重建的建筑应有醒目的标志说明。遗产廊道中部分大型建筑遗产，如明城墙部分段和部分城楼、大报恩寺等，笔者认为很有重建的必要。以明城墙为例，从保护性利用的角度来看，重建城楼在技术层面上是一种保护城门的措施；从景观再生的角度来看，重建城楼和部分城墙也是提高城墙认知度、发挥资源效用的有效措施。看西安和平遥城墙给人印象深刻，部分原因也是因为其重建和修复了大量的城墙和城楼，使城墙完整。但重建的部分必须有所标示。

7.5 明城墙遗产廊道保护实施对策探讨

7.5.1 增强公众意识

如前文所述，南京的自然、地理风貌在世界古都名城中别具一格，其历史文化积淀对中华文明发展的影响巨大而深远。南京具有成为世界历史文化名城的自然基础和历史文化基础。明城墙遗产廊道的构建对南京的自然和历史文化资源是一种创造性的整合方式,其融历史文化、景观、生态、旅游、休闲等多功能于一体，在做好规划和实践的同时，还需要使南京的广大市民认识到历史文化遗产和自然基底的保护，不是政府部门的特殊利益,不是少数人发思古之幽情,不是少数专家学者的专业癖好,而是造福于全体社会成员，是整个城市的长远利益、根本利益所在；历史文化遗产不是社会的包袱，而是城市不可再生的财富；历史文化遗产保护者不是"麻烦制造者"，而是城市精神的守护者；保护自然地貌不是土地资源的浪费，而是对古都风貌的捍卫、城市生态的保护。作为南京的社会成员，特别是决策者和施政者，保护、传承、彰显南京文化，是义不容辞的历史责任。

当城市建设中出现城市地段的开发与城市历史文脉、自然地理格局保护冲突时，出现少部分人利益与全体市民利益发生矛盾时，公众意识能起到监督和参与的作用，这是城市政府职能无法取代的。良好的公众意识，对城市文脉的保护有着基础性的作用。

7.5.2 强化法律保护和规划保护

制度具有约束性和强制性，健全的制度对于保护城市文脉具有举足轻重的作用。在南京城市发展的过程中，相应的城市规划法规和遗产保护法规条例对于历史文化遗产的保护，就可以起到法规上强制性的保护作用，对开发商就有约束效力。

目前，南京市已经出台了《南京市城墙保护条例》《南京市中山陵园风景区保护和管理条例》《南京市雨花台风景名胜区管理条例》《南京市夫子庙地区管理规定》《南京市重要近现代建筑和近现代建筑风貌区保护条例》《南京市地下文物保护管理规定》等一批地方法律法规，已经制定了《南京历史文化名城保护规划》《南京明城墙风光带规划》《南京老城保护与更新规划》《南京市近代优秀建筑保护规划》等一批重要规划。南京对历史文化遗产的保护主要从三个层面上进行，即文物保护单位、历史文化保护区、古城保护，而缺乏对集结众多遗产资源的线性文化遗产的保护，以遗产廊道为架构的遗产资源的整体保护在遗产保护法规体系上面还处于空白状态。因此，建议在修编完善《南京市历史文化名城保护规划》的同时，制定相应的明城墙遗产廊道保护规划及法规条例，为廊道遗产资源和自然地理格局的保护提供更完备、更有力的法律基础和规划依据，使廊道遗产的保护更具刚性。

7.5.3 保障管理政策实施

宏观调控管理对遗产廊道的整体保护至关重要。目前廊道内的文化遗产缺乏统一的管理机构。明城墙遗产廊道跨越南京四个城区，应考虑打破部门壁垒，联合城区相关部门、企事业单位、商业团体甚至个人成立相关的统一管理机构。政府通过设立专门的遗产廊道管理机构，直接介入遗产保护，统一对潜在遗产实行普查和登录、管理。但是这种自上而下的管理模式在日益繁荣的市场经济条件下并不能完全控制各种因素，因此，应积极探索建立多元保护机制，除了政府投资外，还应充分利用目前活跃的市场机制，采取多种手段，吸引、调动、协调各种社会力量投资遗产保护与利用的项目，以解决资金与运营等问题。同时，建立健全有关管理规章，把保护、利用、管理有机结合起来。

7.5.4 推动市场经济运作

在廊道遗产的保护与再利用项目中，应充分挖掘由廊道游憩所带来的经济发展潜力，通过市场运作方式来筹措资金，鼓励公众与私人团体以各种方式为廊道提供游憩点与开放空间；针对地段或建筑群的保护利用项目，可以实行分期滚动开发等途径来协调保护与开发的关系；单体建筑的改造利用，可以采取小规模直接投资的方式鼓励民间投资，更充分和有效地利用资金。通过多方融资促进经济发展与资源保护的和谐共赢。

需要明确的是，遗产廊道的建设首先要确立以资源保护为第一目标的价值取向，以保护为主旨，而不应以短期盈利、直接盈利为目标，应改变局限于本地块、单一项目经济平衡的要求，更加着眼于社会效益、长远效益。

7.5.5 深化公众参与机制

遗产廊道的构建是一项关系方方面面的工作，公众参与机制的引入可以提高规划的透明度，同时使相关的利益各方都能参与到规划决策体系当中，不仅提高了规划的质量和针对性，同时也较大限度地减少了规划实施过程中可能出现的矛盾。因此，在遗产廊道的保护规划中，必须把公众参与制度提高到一个很重要的位置，在保护前提下最大限度地结合公众的要求和建议。

公众参与策略可以包括：确定遗产廊道的管理实体、领导者与参与者；开展小型研讨会与专家会议；以各种形式（如新闻稿、宣传册、通讯等）印发宣传材料；开设相关网站等。公众可以通过这样的方式直接参与到廊道的构建与保护中，对资源判别、边界确定、规划设计以及未来发展提出看法与主张。作为保护与利用的主体，参与投资和参与再利用设计，深入参与保护利用的全过程等，将更有利于遗产保护利用的持续性发展。

附录

附录1　明城墙遗产廊道遗产资源调研清单

附表 1-1　南京明城墙遗产廊道遗产资源调查清单

编号	遗产资源名称	地点	年代与概况	现状	遗产保护级别
1	南京明城墙	南京主城区边界	1360年始建，历时20余年建成，其性质、规模、现存长度等堪称"世界第一历史都城城垣"	经历了清朝、民国、中华人民共和国不同时期的改建、增建、拆除与保护，如今遗存段落为25 091 m	全国重点文物保护单位
2	阅江楼基址	狮子山顶	1360年朱元璋撰写《阅江楼记》，但未建成	南京市西部沿江的景观标志	鼓楼区文物保护单位
3	天妃宫	狮子山西南麓	1407年明成祖赐建；清咸丰年间宫毁、碑存	2004年为迎接郑和下西洋600周年，南京鼓楼区重建，为明代风格	江苏省文物保护单位
4	静海寺	热河路朝月楼116号	明永乐帝为嘉奖郑和航海的功德于1411年建，1937年毁	建筑由门厅、主房、厢房组成，仿明建筑	南京市文物保护单位
5	三宿名岩	建宁路292号	建于南宋，因名将虞允文三宿于此而得名	石壁上"三宿崖"尚存	南京市文物保护单位
6	渡江胜利纪念碑与纪念馆	热河路广场中心	纪念碑建于1979年，为纪念中华人民共和国成立30周年；纪念馆设在挹江门城楼上，为纪念中华人民共和国成立35周年而成立	保存完好	江苏省文物保护单位
7	江南水师学堂	城北挹江门七二四所内	创办于清光绪十六年（1890年），主要为南洋水师输送人才。为清政府开办的军事学校，也是中国近代史上洋务运动的一处重要史迹	历经多次修缮，原样保存完好。原江南水师学堂的其他建筑已荡然无存	江苏省文物保护单位
8	江南陆师学堂及矿路学堂遗址，鲁迅纪念室	城北三牌楼，中山北路283号大院和对面南京军区政治部大院以及相邻之南京师范大学附属中学东半部校园	原为清光绪二十二年（1896年）两江总督张之洞奏请创设。陆师共办四期，第二期附设矿路学堂。鲁迅曾于此就读四年	1978年南京市政府拨款加以维修，并建成鲁迅纪念室，门匾由周建人先生提名。目前，鲁迅纪念室正在修缮中	江苏省文物保护单位
9	侵华日军南京大屠杀死难同胞遇难处及丛葬地（一）	挹江门	1937年	保存完好	南京市文物保护单位

续附表 1-1

编号	遗产资源名称	地点	年代与概况	现状	遗产保护级别
10	曾水源墓	挹江门内云归堂的小山丘上	1859年重修,迄今为止发现的唯一一座太平天国重要人物的墓葬	保存较好	江苏省文物保护单位
11	仪凤门遗址	建宁路208号	明朝13座城门之一,与钟阜门相对。1928年,南京国民政府改仪凤门为兴中门。1971年,兴中门被拆除	2006年由南京市政府重新建造完成	鼓楼区文物保护单位
12	太平军破城处	挹江门附近	1853年3月19日,太平军用炸药炸塌此处城墙,从而占领南京。后清朝修复这段城墙时镶嵌三块标识记事碑	清朝修复	鼓楼区文物保护单位
13	挹江门	中央北路北端	1921年开辟,当时只有一个门洞,称海陵门;1931年扩建为三拱门,易名挹江门	保存完好	鼓楼区文物保护单位
14	孙津川秘密工作旧址	北祖师庵49号	在第二次国内革命战争期间,孙津川任中共南京市委书记,后被叛徒告密被捕,在雨花台英勇就义	位于下关(现鼓楼)北祖师庵居民楼内,无遗存	南京市文物保护单位
15	清凉寺遗址	清凉门东侧的清凉山麓	921年杨吴权臣徐温建,名"兴教寺";后李煜改其名为清凉大道场;980年称其为清凉广慧禅寺;清咸丰年间被毁	清末,曾重建清凉寺;中华人民共和国成立后,清凉寺被屡加修葺	鼓楼区文物保护单位
16	崇正书院	清凉山东麓	明督学御史耿定向为讲学所筑;清咸丰年间被毁;1865年复修;"文化大革命"时被毁	1982年重建,由著名建筑师杨廷宝指导设计方案。1992年被辟为中华奇石馆	鼓楼区文物保护单位
17	一拂清忠祠	崇正书院东侧山下	南宋嘉定十四年(1221年)为纪念宋代"一拂居士"郑侠所建;1990年拆除	年久失修,至中华人民共和国成立时仅剩破屋数间,1990年重建一座古典建筑,用作餐馆,取名一拂祠	—
18	扫叶楼	清凉山西南麓	明末清初画家、诗人龚贤居所;清咸丰年间被毁;1989年重建	坐北朝南三进,常举办画展。1989年重建时将扫叶楼后庭院与善庆寺连为一体	江苏省文物保护单位
19	善庆寺	清凉山西南麓	为祭祀唐代名将张巡而建	正殿三间,为明清式样	南京市文物保护单位
20	清凉台	清凉山西侧山巅	相传南唐后主李煜常于此避暑作词	1991年重建,为城西观景绝佳处	—

续附表 1-1

编号	遗产资源名称	地点	年代与概况	现状	遗产保护级别
21	石头城遗迹	清凉山北麓	公元前333年,楚威王置金陵邑于石头山;212年,孙权在金陵邑旧址筑石头城,作为水军基地	有鬼脸照镜子的传说,建鬼脸城	江苏省文物保护单位
22	驻马坡	清凉山公园	相传诸葛亮在此留下"钟山龙蟠,石城虎踞,真乃帝王之宅也"的名言,后世称诸葛亮、孙权驻马处为"驻马坡",并立碑于山麓	碑已无法寻觅,大体位置在清凉山以东,今公园东大门内。1984年刘海粟书写"驻马坡"石刻于北山坡	—
23	清凉门	清凉山西麓	明朝13座城门之一,由一道城门和一圈椭圆形瓮城构成	城门楼上的镝楼已经不存在,现为石头城遗址公园入口之一	全国重点文物保护单位
24	石城门	汉中门市民广场内	1366年,明太祖朱元璋扩建金陵城,在东吴石门的基础上加筑瓮城,并沿袭东吴时故名,仍称"石城门"	石城门遗迹保存于汉中门市民广场,汉中门市民广场位于原石城门瓮城遗址处	全国重点文物保护单位
25	颜鲁公祠	乌龙潭公园内	759年,颜真卿于乌龙潭设放生池;1868年,涂宗瀛在放生庵遗址上建颜鲁公祠,是全国唯一保存完好的祭祀唐代杰出政治家、书法家颜真卿的祠庙遗迹	1988年重建,其汉白玉门额"放生庵"是唐宋古物	南京市文物保护单位
26	锁龙桥群	乌龙潭东首(乌龙潭公园内)	相传晋人为锁龙脖而建	今锁龙桥为一拱二券,与另外五座桥构成桥群组合	—
27	胜棋楼	莫愁湖公园内	朱元璋与徐达弈棋处,后被毁	1871年重建,为砖木结构	南京市文物保护单位
28	粤军阵亡将士墓	莫愁湖公园内	1912年始建,孙中山定名;1966年被毁	1979年重建	江苏省文物保护单位
29	侵华日军南京大屠杀死难同胞遇难处及丛葬地(二)	汉中门外秦淮河边	1937年建	保存完好	南京市文物保护单位
30	天朝总圣库	水西门内,今升州路338—360号	太平天国的国库	无遗存,现为南京市药材公司仓库	江苏省文物保护单位
31	朝天宫	水西门内莫愁湖东侧冶山	南朝时建总明观,唐代为太清宫,明太祖重建为演练朝贺天子礼节的地方,故称朝天宫	1865年李鸿章将江宁府建于朝天宫。现存建筑群的格局为当年旧制	江苏省文物保护单位

续附表 1-1

编号	遗产资源名称	地点	年代与概况	现状	遗产保护级别
32	堂子街太平天国壁画	汉中门附近堂子街88号一座古宅内	保留有18幅墨迹清晰、色彩艳丽的太平天国壁画	1952年被发现后，由市文管会进行修缮和保护。该壁画具有极高的历史和艺术价值	全国重点文物保护单位
33	罗廊巷太平天国建筑及壁画	罗廊巷17号	保留有太平天国时期壁画艺术作品10幅	迁移至堂子街，还剩两幅。该建筑现为普通民居	江苏省文物保护单位
34	卞壶墓碣	朝天宫内	六朝时期建（卞壶为东晋大忠臣）	有墓碑，刻"卞壶墓碣"	南京市文物保护单位
35	汉白玉金鱼盆	朝天宫内	明代	无遗存	建邺区文物保护单位
36	朱状元巷	水西门附近，西起莫愁路，东至仓巷	明代万历年间状元朱之蕃居此而得名	清代重建，今大部分被拆迁，遗址上正在施工	南京市文物保护单位
37	陶凤楼（惜阴书院旧址）	龙蟠里69号	清光绪年间，两江总督端方在南京龙蟠里"惜阴书院"旧址上建藏书楼，是最早的图书馆、南京八大书院之一	抗日战争时被毁，1962年重建，无遗存	南京市文物保护单位
38	魏源故居	龙蟠里20号、22号	魏源，清道光年间杰出思想家，禁烟派的主要代表人物，辞官后在龙蟠里长住	无遗存	南京市文物保护单位
39	张公桥	止马营西口	六朝	有遗址，无遗存	建邺区文物保护单位
40	涵洞口	止马营尽头	六朝	遗址上正在施工	建邺区文物保护单位
41	安品街65号、82-1号	升州路西段之北，东起红土桥，西至仓巷	明代即用此名，又名铁狮子街。安品街20号为清末南京著名文人陈作霖故居"可园"所在地	2006年仓巷和安品街地块建筑被大部分拆除，土地被协议出让，现规划性质为商业、居住混合用地	建邺区文物保护单位
42	仓巷86号、88号	位于朝天宫正南的一条小街	三国时，仓巷北接皇仓，是当时繁忙的运粮通道。明清两代，仓巷地区是工商店铺、民居、文人汇聚之地	2006年仓巷和安品街地块建筑被大部分拆除，土地被协议出让，现规划性质为商业、居住混合用地	建邺区文物保护单位
43	杨桂年故居	仓巷78号	清代奉天府官杨桂年私宅。宅原有五进，坐东朝西，占地面积为1 452 m²	无遗存	建邺区文物保护单位

续附表 1-1

编号	遗产资源名称	地点	年代与概况	现状	遗产保护级别
44	月牙巷11—28号	—	清代	无遗存	建邺区文物保护单位
45	汉白玉金鱼池	月牙巷23号	清代	无遗存	建邺区文物保护单位
46	仓巷桥	仓巷北口,朝天宫东	六朝,历史上的"下街口"	无遗存	建邺区文物保护单位
47	方苞教忠祠	龙蟠里14-4号、6号、8号	方苞,清代散文家,桐城派散文创始人	20世纪90年代初建开元新居	鼓楼区文物保护单位
48	薛庐	龙蟠里4号	清代	无遗存	鼓楼区文物保护单位
49	中华门城堡	中央路南端明城墙之正南门	明城墙规模最大之门,由三道瓮城、四通城门、二十七个藏兵洞等组成	世界上保存最完好的、结构最复杂的古代瓮城城堡	全国重点文物保护单位
50	东水关	通济门西侧	明初为控制秦淮河入城水量而建,由水闸、桥道、藏兵洞三部分组成	仅存下层11个藏兵洞。作为内外秦淮河的景观结合点	全国重点文物保护单位
51	大报恩寺及碑	古长干里,今中华门外的雨花路东侧	明初,大报恩寺与灵谷寺、天界寺并称金陵三大寺,报恩寺为三大寺之首。明永乐六年(1408年),寺塔全被毁于火	今有山门和宝塔为名的街巷,如北山门、南山门、宝塔根、宝塔顶,就是大报恩寺遗址	江苏省文物保护单位
52	贡院碑刻	金陵路1号	明代	由22通碑组成,记录江南贡院历史	江苏省文物保护单位
53	金沙井太平天国官衙建筑	金沙井34号、36号	太平天国建都天京后,在清末汪氏宅基上重建房屋作为官员办公的衙署,规模颇为壮观。后清地方政府将其作江宁府城隍庙和祠堂	现仍存五进,其中第一进、第二进属36号,第三至第五进及东面的附属建筑属34号。每进房屋的结构均为七架梁、五开间	江苏省文物保护单位
54	瞻园	瞻园路	明朝开国元勋徐达府内花园,乾隆南巡时曾来此游幸驻跸,并亲书"瞻园",现仍嵌于园门上	保存较好	江苏省文物保护单位
55	文德桥	夫子庙泮池西	六朝时此处为浮桥,唐代始建木桥,明代才建石墩木架桥,1976年改钢筋混凝土桥面	与夫子庙的"泮池"和巨型照壁紧连	南京市文物保护单位
56	夫子庙遗址	夫子庙	明清	部分遗址被恢复,大部分得到保护	南京市文物保护单位
57	封至圣夫人碑	贡院西街53号夫子庙大成殿内	元代	碑身为青石,保存完好	南京市文物保护单位

续附表 1-1

编号	遗产资源名称	地点	年代与概况	现状	遗产保护级别
58	江南制造局厂房遗址	中华门外正学路	为清末两江总督李鸿章创办，是南京地区第一座近代化工厂	现晨光机器厂内尚存一批旧屋。建厂标牌仍保存在拆迁后的厂房门额上	江苏省文物保护单位
59	俞通海兄弟墓	中华门外戚家山北麓，今晨光机器厂职工宿舍大院内	明将俞通海、俞通源、俞通渊三兄弟之墓	墓前原有神道、石柱、碑、石马、石人，现仅存石马一、石羊一、石柱一，并已挪位	南京市文物保护单位
60	白鹭洲鹫峰寺	白鹭洲公园内	明清	白鹭洲公园内书画展览室	南京市文物保护单位
61	淮清桥	建康路东	始见于东晋，原为城东"九曲清溪"上最大的桥梁，明清改称"淮清桥"	清嘉庆后重建为单孔石拱桥，至今历时近200年，保存较好	南京市文物保护单位
62	愚园（胡家花园）	胡家花园2号	明清	部分遗址建筑尚存，正在修复中	南京市文物保护单位
63	周处读书台	老虎头1号	西晋	现仅存镌有"周处读书台"的石门楼一座及已改为民居的房屋十数间	南京市文物保护单位
64	秦大夫故居	长乐路57号、59号、61号	清代	有10进房屋保存较好	南京市文物保护单位
65	钓鱼台河房	钓鱼台192号	清代	现存西院前后两进和东院后进，另临河建有四角攒尖顶亭一座。建筑现已空置多年，破损不堪	南京市文物保护单位
66	泾县会馆	大百花巷13—15号	创立于清嘉庆年间，至咸丰年间仍有扩建，主要服务于外地士子，为明清时徽商在南京设立的众多会馆之一	古建尚存，保护不佳	南京市文物保护单位
67	桃叶渡古遗迹	建康路淮清桥桃叶渡	晋代	今渡口处立有"桃叶渡碑"，并建有"桃叶渡亭"	秦淮区文物保护单位
68	石狮子	方家巷	两头明代石狮原属于五香庙	经拆迁发现后已被妥善保管	秦淮区文物保护单位
69	来宾桥	西街85—87号	明代	无遗存	秦淮区文物保护单位

续附表 1-1

编号	遗产资源名称	地点	年代与概况	现状	遗产保护级别
70	九龙桥	通济门外	始建于明初，与通济门毗连，又称通济桥，为五拱石桥	1937年为阻日本侵略军进城，曾将中间大拱炸断，1966年重新修建	秦淮区文物保护单位
71	西街古建筑群	西街123号	明清	保存着瓮堂、金斗会馆、见子桥、沈家粮行等古建，其余古建大部分已被拆除	江苏省文物保护单位
72	石牌三块	老虎头44号	吴敬梓登临周处读书台时留下"昔者周孝侯，奋身三恶除。家本罨画溪，折节此读书"名句的遗迹	现已变成"七十二家房客"的公租房、违建房	秦淮区文物保护单位
73	马道街古建筑	马道街6号、7号、9号、45号、161号	清代	1992年以来大部分古建已遭破坏	秦淮区文物保护单位
74	石碑两块	白鹭洲公园	为明清时期石碑。"节义清廉碑"是明初开国皇帝朱元璋为表重臣徐达而御赐的石碑。"筹措朝考盘费"碑是记述李鸿章、左宗棠自掏腰包搞"希望工程"的事迹	经抢修后保存较好	秦淮区文物保护单位
75	鹰福街古建筑	鹰福街107号、109号	清代	大部分被破坏，正被复建	秦淮区文物保护单位
76	光宅寺	老虎头44号	南朝梁	逐渐恢复寺院景观	南京市文物保护单位
77	朱雀航遗址	镇淮桥东	晋代	如今已被改建成一座现代化的钢筋水泥大桥	秦淮区文物保护单位
78	程先甲故居	大百花巷11号	清中晚期	现为民居，颇为破败	江苏省文物保护单位
79	中山陵 博爱坊	中山陵墓道的入口处	中门横楣上刻有孙中山手书"博爱"二字	大部分保存较好或经重建和复建后保存较好	全国重点文物保护单位
	陵门	陵墓入口处	坐北朝南，为包含三个拱门的歇山顶建筑，上方石额镌刻孙中山手书"天下为公"四字		
	碑亭	陵门北	花岗石方形建筑，亭顶为重檐九脊，蓝色琉璃瓦		
	祭堂	祭堂大平台正中	中山陵主体建筑		
	墓室	与祭堂有甬道相连	其中石塘下安放孙中山先生遗体，石塘上安放孙中山先生卧像		
	墓堡花园	墓室外	后墙设有中山陵建设史料展		

续附表 1-1

编号	遗产资源名称		地点	年代与概况	现状	遗产保护级别
79	中山陵	宝鼎	博爱坊南	紫铜宝鼎,为戴传贤和台湾中山大学师生捐赠	大部分保存较好或经重建和复建后保存较好	全国重点文物保护单位
		音乐台	中山陵前广场南面	美国旧金山华侨和辽宁省政府集资捐赠,为扇形露天音乐台		
		光华亭	中山陵墓东面小山丘上	著名建筑家刘敦桢设计,华侨赠款建造		
		流徽榭	中山陵至灵谷寺的公路南侧	1932 年,由中央陆军军官学校捐款建造,陵园工程师顾文钰设计		
		仰止亭	流徽榭以北的梅岭上	由叶恭绰选址捐建,著名建筑家刘敦桢设计		
		藏经楼——孙中山纪念馆	中山陵与灵谷寺之间的密林幽谷中	抗日战争前,由中国佛教会发起募款建造,为仿清代喇嘛寺古典建筑		
		中山铜像	藏经楼前花台的像座上	由孙中山先生的日本好友梅屋庄吉先生出资铸造,1929 年捐送		
		碑廊	主楼后	镶嵌有 138 块河南嵩山青石碑,镌刻有三民主义全文。1937 年日军侵占南京时被毁坏,"文化大革命"期间再遭破坏,后被国家及省、市政府修葺		
		桂林石屋	藏经楼以东的密林中	1932 年由广州市政府捐建。日军侵华期间被毁,现存一片建筑遗址		
		行健亭	位于中山陵西南,陵园路与明陵路的交叉口	由广州市政府捐建		
		永丰社	行健亭的对面	由中央陆军军官学校捐资,毁于日占期间		
		革命历史图书馆	中山陵西侧,行健亭东	抗日战争前为收藏辛亥革命史料的小型图书馆,后曾是中山陵园管理委员会办公室		
		温室	陵园石像路的北部,现中山陵园管理局花圃场内	1929 年,由汉口总商会捐款建造		
		永慕庐	中山陵东北的小茅山顶万福寺古刹旁	为孙中山先生家属守灵处		

续附表 1-1

编号	遗产资源名称	地点	年代与概况	现状	遗产保护级别
80	明孝陵	南京中山门外紫金山独龙阜玩珠峰	明太祖朱元璋和皇后马氏的合葬陵墓	保存较好	世界文化遗产
81	廖仲恺何香凝墓	紫金山西茅峰西南麓	1926年，由国民党中央执行委员会筹建，著名建筑师吕彦直设计	保存较好	全国重点文物保护单位
82	范鸿仙墓	紫金山东侧，马群街道以北五棵松处	与廖仲恺墓一起作为中山陵的"附葬"而建。"文化大革命"期间遭严重破坏	1973年江苏省政府将其重建	江苏省文物保护单位
83	韩恢墓	南京市中山门外卫桥以东	建造于1928年，是南京东郊安葬最早的民国要人之墓	"文化大革命"期间遭严重破坏，1988年修复此墓时，已无法恢复原墓道和原墓冢	南京市文物保护单位
84	定林寺陆游摩崖题刻	钟山定林寺遗址、今紫霞洞外石壁上	建于南朝宋元嘉年间，北宋时改称定林庵，为金陵名刹。陆游在南宋1165年游览定林庵时题刻	保存较完好	江苏省文物保护单位
85	明故宫遗址	南京中山门内	明朝皇宫，城分内外二重，外曰皇城，内曰宫城	明故宫现存遗迹，计有午门（俗称午朝门）、西华门、东华门三座门的基座，内外五龙桥、玄津桥等几座桥券，以及奉天门等建筑的石柱础。现有明故宫遗址公园、午朝门公园、东华门遗址广场和西华门遗址广场	全国重点文物保护单位
86	灵谷寺无梁殿	南京东郊紫金山南麓下的灵谷寺	明初金陵的著名大刹。今尚遗有一座砖构的宏大殿堂，因其结构均采用砖墙及拱券而不施寸木，习称之"无梁殿"，为国内现存同类建筑中时代最早、规模最大者	于清末太平天国之役"半就摧毁"，后人修葺。1931年，南京国民政府将无梁殿改建为国民革命军阵亡将士公墓的祭堂，现被辟为辛亥革命名人蜡像馆	江苏省文物保护单位
87	国民革命军阵亡将士纪念塔	灵谷寺灵古塔	1929年	2004年经整修保存较好	全国重点文物保护单位
88	明天坛遗址	石门坎乡将军潭东侧	明初天坛所在地	仅存天坛梗即明初天坛外院墙	雨花台区文物保护单位

续附表 1-1

编号	遗产资源名称	地点	年代与概况	现状	遗产保护级别
89	古（明清）天文仪器	紫金山	紫金山天文台大台附近的平地上	共五件，其中，明制三件，清制两件	江苏省文物保护单位
90	国立紫金山天文台旧址	紫金山第三峰	建于1934年9月，是中国自己建立的第一个现代天文学研究机构	保存较好	南京市文物保护单位
91	太平天国天保城、地保城遗址	南京城东北紫金山西峰，即今紫金山天文台内	太平天国时期修筑的为保卫天京城防的两个重要军事要塞	天保城遗址尚存石垒墙基一座；地保城遗址尚存一条壕沟以及一些大石块和石构残件等	天保城遗址被公布为江苏省文物保护单位
92	常遇春墓	太平门外钟山第三峰西麓白马村	常遇春为明开国功臣，以骁勇善战著称	墓前尚有墓碑一、石望柱一、石马二、石羊二、石虎二、武将二	江苏省文物保护单位
93	吴良、吴祯、吴忠墓	岗子村新世界花园小区内	明代开国功臣之墓	墓园内有一口井，神道，石刻若干	世界文化遗产
94	谭延闿墓	中山陵东南的灵谷寺与邓演达墓之间	谭延闿为国民党元老，曾任民国时期国民政府行政院院长	有一碑池，池中赑屃驮一石碑，上书"灵谷深松"	全国重点文物保护单位
95	邓演达墓	灵谷寺东	建于1957年	保存较好	江苏省文物保护单位
96	中和桥	光华门外	始建于明初，光绪年间重建成五拱大石桥，民国时曾予以改建	1965年拆除，在其上游80 m处重建成钢骨水泥梁桥	秦淮区文物保护单位
97	蒋陵（孙权墓）	梅花山下	为南京地区最早的一座六朝陵墓	陵墓的建造规模、范围、神道、石刻等未见痕迹	江苏省文物保护单位
98	孙科公馆旧址	中山陵8号	建于1948年	位于南京军区东苑宾馆，旧址为宾馆附属绿地	江苏省文物保护单位
99	半山园	中山门内，后宰门街东	原为北宋名相王安石所构筑	现有建筑为清末重建，布局疏朗，环境优雅	南京市文物保护单位
100	武庙闸	玄武湖公园内	明初在修建城墙时，在墙基里预埋涵管，设闸引玄武湖水入城，当时叫通心水坝	两套水闸及部分铜铁水管现均藏于南京市博物馆内	全国重点文物保护单位
101	武庙	北京东路43号	即关帝庙、英烈庙，是同文庙相对的中国古代礼制建筑。建于明朝，清末重建	至今尚存，是一组完整的古建筑群，现为南京市政府东大院	南京市文物保护单位

续附表 1-1

编号	遗产资源名称	地点	年代与概况	现状	遗产保护级别
102	古观象台遗址	北极阁 2 号	南朝宋时期建有"日观台",为南京最早的气象台。中国著名的元代天文学家郭守敬发明创造的侧天仪就置放在此。清朝被毁	民国中央研究院气象研究所在旧址上建有气象台,现为江苏省气象局	江苏省文物保护单位
103	郭璞墩	玄武湖环洲	西晋	玄武湖内一景点,主要由郭璞雕像和衣冠冢两部分组成	南京市文物保护单位
104	台城	鸡鸣寺路北,玄武湖南岸	东端与明都城相接,西端为一断壁,由于这里距六朝时代的建康宫不远,后人把这段城墙称为台城	全长 253.15 m,可登临,东眺钟阜,仰观鸡笼,北瞻后湖	南京市文物保护单位
105	鸡鸣寺	鸡鸣寺路 3 号	西晋永康元年(300 年),始建道场。明洪武二十年(1387 年)拆除庙宇,始建寺院,起名鸡鸣寺	1979 年国家拨款重建鸡鸣寺,重开佛事	南京市文物保护单位
106	九华山三藏塔	九华山顶	建于 1942 年,因为山顶有一座葬有唐高僧玄奘顶骨的三藏塔而成为佛教的一处圣地	保存较好	南京市文物保护单位
107	宋子文住宅旧址	北极阁 1 号	始建于 1933 年宋子文任南京国民政府财政部部长期间,抗日战争胜利后重建。由杨廷宝建筑师设计	今为南京市科学技术协会执行所	江苏省文物保护单位
108	李宗仁公馆旧址	傅厚岗 30 号	民国	今为江苏省省级机关第一幼儿园	江苏省文物保护单位
109	神策门	南京市中央门立交桥东南角	明城墙 13 座城门之一,由于作为军事禁区被封闭了 70 多年,是保存最完整的一座城门	现名和平门	全国重点文物保护单位

附录2　明城墙遗产廊道遗产资源定量评价调查问卷

尊敬的专家、学者、明城墙的相关工作人员，你们好！

本调查问卷为基于对明城墙遗产廊道的保护及构建研究而对明城墙周边遗产资源进行的综合评价调研。请您从自身科研或工作领域的角度，选择您熟知的遗产资源，参照给出的南京明城墙遗产廊道遗产资源定量评价模糊记分表（附表2-1），对其从12个方面进行评价打分（附表2-2）。

您的年龄：_____

职业：_____

所从事的研究领域：_____

附表2-1　南京明城墙遗产廊道遗产资源定量评价模糊记分参照表

指标	记分等级				
	100—80分	80—60分	60—40分	40—20分	20—0分
文化艺术价值	很高	较高	一般	较低	很低
历史价值	很高	较高	一般	较低	很低
科教价值	很高	较高	一般	较低	很低
观赏游憩价值	很高	较高	一般	较低	很低
其他价值	很高	较高	一般	较低	很低
与交通功能结合的兼容性	很高	较高	一般	较低	很低
与生态功能结合的兼容性	很高	较高	一般	较低	很低
与游憩功能结合的兼容性	很高	较高	一般	较低	很低
保存的完整性	很高	较高	一般	较低	很低
遗产自身的真实性	80%以上真实	70%—80%真实	60%—70%真实	50%—60%真实	50%以下真实
遗产保护级别	世界文化遗产（100分）	全国重点文物保护单位（90分）、江苏省文物保护单位（80分）	南京市文物保护单位（70分）	区级文物保护单位（60分）	无保护级别（20分）
规模	很高	较高	一般	较低	很低

附表 2-2　南京明城墙遗产廊道遗产资源评价模糊记分表

遗产资源	评价得分											
	文化艺术价值	历史价值	科教价值	观赏游憩价值	其他价值	与交通功能结合的兼容性	与生态功能结合的兼容性	与游憩功能结合的兼容性	保存的完整性	遗产自身的真实性	遗产保护级别	规模
阅江楼基址												
天妃宫												
静海寺												
三宿名岩												
渡江胜利纪念碑与纪念馆												
江南水师学堂												
江南陆师学堂及矿路学堂遗址，鲁迅纪念室												
侵华日军南京大屠杀死难同胞遇难处及丛葬地（一）												
曾水源墓												
仪凤门遗址												
太平军破城处												
挹江门												
孙津川秘密工作旧址												
清凉寺遗址												
崇正书院												
一拂清忠祠												
扫叶楼												
善庆寺												
清凉台												
石头城遗迹												
驻马坡												
清凉门												
石城门												
颜鲁公祠												
锁龙桥群												
胜棋楼												
粤军阵亡将士墓												

续附表 2-2

遗产资源	评价得分										
	文化艺术价值	历史价值	科教价值	观赏游憩价值	其他价值	与交通功能结合的兼容性	与生态功能结合的兼容性	与游憩功能结合的兼容性	保存的完整性	遗产自身的真实性	遗产保护级别	规模
侵华日军南京大屠杀死难同胞遇难处及丛葬地（二）												
天朝总圣库												
朝天宫												
堂子街太平天国壁画												
罗廊巷太平天国建筑及壁画												
卞壶墓碣												
汉白玉金鱼盆												
朱状元巷												
陶风楼（惜阴书院旧址）												
魏源故居												
张公桥												
涵洞口												
安品街65号、82-1号												
仓巷86号、88号												
杨桂年故居												
月牙巷11—28号												
汉白玉金鱼池												
仓巷桥												
方苞教忠祠												
薛庐												
中华门城堡												
东水关												
大报恩寺及碑												
贡院碑刻												
金沙井太平天国官衙建筑												
瞻园												
文德桥												

续附表 2-2

遗产资源	评价得分											
	文化艺术价值	历史价值	科教价值	观赏游憩价值	其他价值	与交通功能结合的兼容性	与生态功能结合的兼容性	与游憩功能结合的兼容性	保存的完整性	遗产自身的真实性	遗产保护级别	规模
夫子庙遗址												
封至圣夫人碑												
江南制造局厂房遗址												
俞通海兄弟墓												
白鹭洲鹫峰寺												
淮清桥												
愚园（胡家花园）												
周处读书台												
秦大夫故居												
钓鱼台河房												
泾县会馆												
桃叶渡古遗迹												
石狮子												
来宾桥												
九龙桥												
西街古建筑群												
石牌三块												
马道街古建筑												
石碑两块												
鹰福街古建筑												
光宅寺												
朱雀航遗址												
程先甲故居												
中山陵												
明孝陵												
廖仲恺何香凝墓												
范鸿仙墓												
韩恢墓												

续附表 2-2

遗产资源	评价得分											
	文化艺术价值	历史价值	科教价值	观赏游憩价值	其他价值	与交通功能结合的兼容性	与生态功能结合的兼容性	与游憩功能结合的兼容性	保存的完整性	遗产自身的真实性	遗产保护级别	规模
定林寺陆游摩崖题刻												
明故宫遗址												
灵谷寺无梁殿												
国民革命军阵亡将士纪念塔												
明天坛遗址												
古（明清）天文仪器												
国立紫金山天文台旧址												
太平天国天保城、地保城遗址												
常遇春墓												
吴良、吴祯、吴忠墓												
谭延闿墓												
邓演达墓												
中和桥												
蒋陵（孙权墓）												
孙科公馆旧址												
半山园												
武庙闸												
武庙												
古观象台遗址												
郭璞墩												
台城												
鸡鸣寺												
九华山三藏塔												
宋子文住宅旧址												
李宗仁公馆旧址												
神策门												

非常感谢您的参与！

附录 3 明城墙遗产廊道遗产资源评价结果

附表 3-1 南京明城墙遗产廊道遗产资源评价结果

编号	遗产资源	评价得分											
		文化艺术价值	历史价值	科教价值	观赏游憩价值	其他价值	与交通功能结合的兼容性	与生态功能结合的兼容性	与游憩功能结合的兼容性	保存的完整性	遗产自身的真实性	遗产保护级别	规模
1	南京明城墙	90	90	90	90	90	90	90	90	70	80	90	90
2	阅江楼基址	80	60	40	90	40	80	80	90	60	60	60	80
3	天妃宫	80	60	40	60	40	80	60	60	40	20	80	60
4	静海寺	90	80	80	60	40	60	60	60	40	40	70	60
5	三宿名岩	60	60	40	60	40	40	40	40	60	80	70	20
6	渡江胜利纪念碑与纪念馆	60	60	80	60	40	60	60	40	80	40	80	60
7	江南水师学堂	60	60	60	40	40	40	40	40	80	40	80	60
8	江南陆师学堂及矿路学堂遗址，鲁迅纪念室	60	60	60	60	40	40	40	40	60	40	80	60
9	侵华日军南京大屠杀死难同胞遇难处及丛葬地（一）	40	60	40	60	40	40	40	40	80	80	70	20
10	曾水源墓	60	60	60	20	40	40	40	40	60	60	80	20
11	仪凤门遗址	40	60	40	40	40	40	40	40	20	20	60	40
12	太平军破城处	60	60	40	20	40	40	40	40	20	20	60	40
13	挹江门	40	40	40	40	40	60	60	60	40	60	60	60
14	孙津川秘密工作旧址	40	40	20	0	40	0	20	20	0	20	70	10
15	清凉寺遗址	60	60	60	60	40	40	60	60	40	40	60	40
16	崇正书院	40	40	60	60	60	60	60	60	40	20	60	40
17	一拂清忠祠	40	40	40	20	20	0	40	20	0	0	20	0
18	扫叶楼	60	60	40	80	40	40	60	60	60	40	80	40
19	善庆寺	40	40	40	40	40	60	60	60	60	40	70	60
20	清凉台	40	40	20	20	20	60	20	20	20	20	20	40
21	石头城遗迹	60	60	60	80	60	80	80	80	20	20	80	80

续附表 3-1

编号	遗产资源	评价得分											
		文化艺术价值	历史价值	科教价值	观赏游憩价值	其他价值	与交通功能结合的兼容性	与生态功能结合的兼容性	与游憩功能结合的兼容性	保存的完整性	遗产自身的真实性	遗产保护级别	规模
22	驻马坡	40	60	40	40	40	40	40	40	20	40	20	20
23	清凉门	60	60	60	60	40	60	60	60	60	80	90	60
24	石城门	80	80	80	80	60	80	80	80	60	60	90	80
25	颜鲁公祠	60	40	40	40	60	60	60	40	40	60	70	40
26	锁龙桥群	40	40	40	40	40	40	20	20	20	20	20	20
27	胜棋楼	60	60	40	80	40	60	60	60	80	40	70	60
28	粤军阵亡将士墓	40	60	40	40	40	60	60	60	80	60	80	40
29	侵华日军南京大屠杀死难同胞遇难处及丛葬地（二）	40	60	40	40	40	40	40	40	80	80	70	20
30	天朝总圣库	60	60	40	0	40	0	0	0	0	20	80	0
31	朝天宫	80	80	60	80	60	60	60	80	80	80	80	80
32	堂子街太平天国壁画	80	80	60	40	40	20	40	20	20	80	90	40
33	罗廊巷太平天国建筑及壁画	80	80	60	40	20	20	20	20	60	20	80	20
34	卞壹墓碣	60	60	40	40	40	40	40	40	40	40	70	20
35	汉白玉金鱼盆	80	60	40	20	20	20	20	20	0	0	60	0
36	朱状元巷	60	60	60	20	40	20	20	20	20	20	70	20
37	陶风楼（惜阴书院旧址）	60	60	60	40	40	40	40	20	20	20	70	20
38	魏源故居	60	60	40	40	40	20	20	20	20	20	70	20
39	张公桥	60	60	40	40	20	20	20	20	20	20	60	20
40	涵洞口	40	40	20	20	20	20	20	20	20	20	60	10
41	安品街 65 号、82-1 号	60	60	40	60	40	40	20	40	40	20	60	40
42	仓巷 86 号、88 号	60	60	40	60	40	40	20	40	40	20	60	40
43	杨桂年故居	60	60	40	40	40	20	20	20	0	0	60	0
44	月牙巷 11—28 号	60	60	40	40	40	20	20	20	0	0	60	0

续附表 3-1

编号	遗产资源	评价得分											
		文化艺术价值	历史价值	科教价值	观赏游憩价值	其他价值	与交通功能结合的兼容性	与生态功能结合的兼容性	与游憩功能结合的兼容性	保存的完整性	遗产自身的真实性	遗产保护级别	规模
45	汉白玉金鱼池	40	40	40	20	20	20	20	20	0	0	60	0
46	仓巷桥	40	40	40	40	40	40	20	40	0	0	60	0
47	方苞教忠祠	60	40	40	40	40	40	20	40	0	0	60	0
48	薛庐	60	40	40	40	40	40	20	40	0	0	60	0
49	中华门城堡	80	80	80	80	60	80	40	80	80	80	90	70
50	东水关	80	80	80	60	60	80	60	80	60	80	90	60
51	大报恩寺及碑	60	60	40	40	40	40	40	40	20	20	80	20
52	贡院碑刻	60	60	60	60	40	60	40	80	60	60	80	40
53	金沙井太平天国官衙建筑	80	80	60	60	40	70	60	80	80	70	80	60
54	瞻园	80	80	80	80	80	80	80	80	80	80	80	80
55	文德桥	60	60	40	60	40	60	60	60	60	60	70	40
56	夫子庙遗址	80	80	80	60	60	80	60	80	60	60	70	60
57	封至圣夫人碑	60	60	40	40	40	40	40	40	80	80	70	40
58	江南制造局厂房遗址	60	60	60	50	40	60	40	50	50	50	80	60
59	俞通海兄弟墓	60	60	40	40	40	40	40	40	50	50	70	50
60	白鹭洲鹫峰寺	60	60	60	60	50	60	60	60	60	60	70	60
61	淮清桥	60	60	50	70	50	70	60	70	80	80	70	50
62	愚园（胡家花园）	80	80	80	80	60	60	80	80	40	40	70	60
63	周处读书台	60	60	40	40	40	40	40	40	20	20	70	20
64	秦大夫故居	60	60	40	40	40	40	40	40	40	40	70	40
65	钓鱼台河房	60	60	40	60	40	40	40	40	40	40	70	40
66	泾县会馆	60	60	60	60	40	60	40	40	40	40	60	70	40
67	桃叶渡古遗迹	60	60	60	60	60	60	60	60	40	40	60	40
68	石狮子	60	60	40	60	40	40	20	40	40	40	60	20

续附表 3-1

编号	遗产资源	评价得分											遗产保护级别	规模
		文化艺术价值	历史价值	科教价值	观赏游憩价值	其他价值	与交通功能结合的兼容性	与生态功能结合的兼容性	与游憩功能结合的兼容性	保存的完整性	遗产自身的真实性			
69	来宾桥	60	60	40	40	20	20	20	20	0	0		60	20
70	九龙桥	60	60	60	60	40	40	40	60	80	20		60	40
71	西街古建筑群	80	80	80	60	60	60	50	50	30	30		80	50
72	石牌三块	40	60	40	40	40	40	40	40	40	40		60	20
73	马道街古建筑	60	60	60	60	60	60	60	60	60	20		60	60
74	石碑两块	60	60	40	40	60	60	60	60	60	50		60	40
75	鹰福街古建筑	60	60	60	60	60	60	60	60	20	20		60	40
76	光宅寺	60	60	60	60	60	60	60	60	40	40		70	60
77	朱雀航遗址	60	40	40	20	20	60	30	20	0	0			
78	程先甲故居	60	50	60	40	40	40	40	40	40	40		80	40
79	中山陵	90	80	80	90	80	80	90	90	90	80		90	90
80	明孝陵	90	90	90	90	80	90	90	90	90	90		100	90
81	廖仲恺何香凝墓	80	80	80	80	80	80	80	80	90	90		80	80
82	范鸿仙墓	60	60	60	60	40	60	40	60	40	40		80	60
83	韩恢墓	60	60	60	60	40	40	60	40	40	40		70	50
84	定林寺陆游摩崖题刻	60	60	60	40	40	40	40	40	60	60		80	30
85	明故宫遗址	80	80	80	80	60	80	80	80	20	20		90	60
86	灵谷寺无梁殿	90	90	90	90	60	80	90	90	80	60		80	60
87	国民革命军阵亡将士纪念塔	60	60	60	80	70	80	80	80	90	90		90	60
88	明天坛遗址	60	60	50	50	40	40	40	40	30	40		60	20
89	古（明清）天文仪器	80	90	100	60	80	80	80	80	80	80		80	60
90	国立紫金山天文台旧址	80	60	100	80	80	80	80	80	80	80		70	80
91	太平天国天保城、地保城遗址	80	80	60	60	40	60	60	60	40	60		80	60

编号	遗产资源	评价得分											
		文化艺术价值	历史价值	科教价值	观赏游憩价值	其他价值	与交通功能结合的兼容性	与生态功能结合的兼容性	与游憩功能结合的兼容性	保存的完整性	遗产自身的真实性	遗产保护级别	规模
92	常遇春墓	60	60	60	60	40	60	80	60	50	50	80	60
93	吴良、吴祯、吴忠墓	80	80	80	60	60	60	60	40	60	60	100	40
94	谭延闿墓	80	60	60	60	40	60	80	80	60	60	90	60
95	邓演达墓	60	40	40	60	40	60	80	80	80	80	80	60
96	中和桥	60	40	20	20	40	60	40	20	20	0	60	60
97	蒋陵（孙权墓）	80	80	40	60	40	80	80	80	60	60	80	60
98	孙科公馆旧址	60	40	40	40	40	60	60	40	40	40	80	40
99	半山园	60	60	40	60	40	60	80	80	60	40	70	60
100	武庙闸	80	80	80	60	40	80	80	60	60	60	90	60
101	武庙	80	70	70	60	40	60	60	60	60	60	70	70
102	古观象台遗址	60	60	70	40	60	60	60	60	20	20	80	60
103	郭璞墩	60	60	40	40	40	80	60	60	40	40	70	40
104	台城	60	60	80	60	80	80	80	60	60	60	70	80
105	鸡鸣寺	80	80	60	80	80	80	60	80	60	40	70	80
106	九华山三藏塔	60	60	60	60	40	40	80	80	80	60	70	70
107	宋子文住宅旧址	60	60	60	60	60	60	60	60	60	50	60	60
108	李宗仁公馆旧址	60	60	40	60	60	40	40	60	60	60	80	70
109	神策门	80	80	80	80	60	60	80	80	80	80	90	80

参考文献

·中文文献·

《城市园林绿地规划》编写组,1982. 城市园林绿地规划[M]. 北京:中国建筑工业出版社.

《南京明城墙》编委会,2001. 南京明城墙[M]. 南京:江苏美术出版社.

蔡晴,2003. 历史胜迹环境的传承与再生——以南京与绍兴为例[D]:[硕士学位论文]. 南京:东南大学.

陈乃勋,杜福绅,1932. 新京备乘[M]. 北京:清秘阁分店.

陈桥驿,1983. 中国六大古都[M]. 北京:中国青年出版社:4.

陈拭,1991. 道光《上元县志》[M]. 武念祖,修 // 李光祚. 中国地方志集成:江苏府县志辑③. 南京:江苏古籍出版社.

陈寿,1959. 三国志[M]. 裴松之,注. 北京:中华书局:12.

陈薇,杨俊,2009. "围"与"穿"——南京明城墙保护与相关城市交通发展的探讨[J]. 建筑学报(9):64-68.

陈文述,1822(清道光二年). 秣陵集[M]. 清刻本. 南京:南京出版社.

陈沂,2006. 洪武京城图志:金陵古今图考[M]. 礼部,纂修. 欧阳摩一,点校. 南京:南京出版社:9.

陈作霖,1907(清光绪三十三年). 金陵通纪[M]. 刻本. [出版地不详]:瑞华馆.

陈作霖,1910(清宣统二年). 上元江宁乡土合志[M]. 刻本. 南京:江楚编译书局.

程嗣功,王一化,1997. 万历《应天府志》[M]// 四库全书存目丛书编纂委员会. 四库全书存目丛书:集203(别集类). 济南:齐鲁书社:8.

邓芳岩,2003a. 南京城垣规划保护初探[J]. 泰州职业技术学院学报,3(3):34-36.

邓芳岩,2003b. 南京明代城墙保护初探[D]:[硕士学位论文]. 南京:东南大学.

第二届历史古迹建筑师及技师国际会议,1964. 关于古迹遗址保护与修复的国际宪章(威尼斯宪章)[R]. 威尼斯:第二届历史古迹建筑师及技师国际会议.

董晓峰,黎海南,2000. 浅议城市标志[J]. 甘肃科技,16(2):22-23.

房玄龄,等,1974. 晋书[M]. 北京:中华书局:12.

付晓渝,2007. 中国古城墙保护探索[D]:[博士学位论文]. 北京:北京林业大学.

高树森,邵建光,1991. 金陵十朝帝王州[M]. 北京:中国人民大学出版社:5.

谷应泰,1977. 明史纪事本末[M]. 北京:中华书局:2.

顾起元,2005. 客座赘语[M]. 张惠荣,校点. 南京:凤凰出版社:9.

顾炎武,1984. 历代宅京记[M]. 于杰,点校. 北京:中华书局:2.

顾炎武,1985. 天下郡国利病书[M]// 顾炎武. 四部丛刊三编史部(20):天下郡国利病书. 上海:上海书店:9.

顾炎武,2004.肇域志[M].上海:上海古籍出版社:4.
顾祖禹,2005.读史方舆纪要[M].北京:中华书局:3.
郭黎安,1999.六朝建都与军事重镇的分布[J].中国史研究(4):73-81.
郝勇,范君晖,2007.系统工程方法与应用[M].北京:科学出版社.
韩品峥,韩文宁,2004.秦淮河史话[M].南京:南京出版社:7.
胡祥翰,1926.金陵胜迹志[M].南京:南京出版社.
黄慧英,杨国庆,朱明,2003.古城墙:南京历史与文化的印记[J].上海城市管理职业技术学院学报,12(3):50-52.
黄建军,2005.中国古都选址与规划布局的本土思想研究[M].厦门:厦门大学出版社:1.
黄宗羲,1987.明文海[M].北京:中华书局:2.
季士家,韩品峥,1993.金陵胜迹大全[M].南京:南京出版社.
江昼,2004.南京城市设计中的历史文化资源展示设计初探[J].南京艺术学院学报(美术与设计版)(2):107-109.
姜武堂,杨国庆,2001.南京城墙旅游资源的潜在价值亟待开发[J].南京社会科学(3):87-90.
蒋建省,何培玲,2009.论南京明城墙的保护[J].南京工程学院学报(社会科学版),9(4):15-18.
蒋婷婷,2006.明城墙风光带——南京历史与未来的城市标志[J].现代城市研究,21(2):82-85.
蒋赞初,1995.南京史话(上)[M].南京:南京出版社:4-5.
凯文·林奇,2001.城市意象[M].方益萍,何晓军,译.北京:华夏出版社.
凯文·林奇,加里·海克,1999.总体设计[M].黄富厢,朱琪,吴小亚,译.北京:中国建筑工业出版社.
李春波,朱强,2007.基于遗产分布的运河遗产廊道宽度研究——以天津段运河为例[J].城市问题(9):12-15.
李迪华,2006.构建京杭大运河遗产廊道系统——沿京杭大运河骑行的感想和希望[J].中国文化遗产(4):50-57.
李海燕,2005.大遗址价值评价体系与保护利用模式研究[D]:[硕士学位论文].西安:西北大学:33-46.
李浩昌,2005.绿色通道(Greenway)的理论与实践研究[D]:[硕士学位论文].南京:南京林业大学.
李江浙,1987.五都兴衰论[M]//中国古都学会.中国古都研究.杭州:浙江人民出版社:55.
李岚,2007.南京历史园林保护利用初探[J].华中建筑,25(4):75-78.
李立,2007.南京明城墙保护研究[D]:[硕士学位论文].南京:南京农业大学.
李伟,2005.城市——区域特色景观安全格局[D]:[博士学位论文].北京:北京大学:42-68.
李伟,俞孔坚,李迪华,2004.遗产廊道与大运河整体保护的理论框架[J].城市问题(4):28-31,54.

李贤,等,1990.大明一统志[M].西安:三秦出版社:2.
李延寿,1975.南史[M].北京:中华书局:6.
李源,2001.玄武湖趣史[M].南京:江苏古籍出版社:12.
李长传,1983.江苏省地志[M]//佚名.中国方志丛书:华中地方第473号.台北:成文出版社.
梁雪春,达庆利,朱光亚,2002.我国城乡历史地段综合价值的模糊综合评判[J].东南大学学报(哲学社会科学版),4(2):44-46.
刘斌,2000a.对南京城墙申报世界人类文化遗产的思考[J].改革与开放(11):26-27.
刘斌,2000b.南京明城墙的维护与南京城市个性的塑造[J].改革与开放(12):26-27.
刘斌,2012.南京明代城墙与佛教文化的研究[J].中国名城(9):68-72.
刘敦桢,1984.中国古代建筑史[M].2版.北京:中国建筑工业出版社:6.
刘淑芬,1992.六朝的城市与社会[M].台北:台湾学生书局:10.
刘雨,1990.正德《江宁县志》[M].王诰,修//北京图书馆古籍出版编辑组.北京图书馆古籍珍本丛刊(24):史部,地理类,(洪武)京城图志、(嘉靖)南畿志、(正德)江宁县志、(顺治)溧水县志.北京:书目文献出版社:6.
孟亚凡,2004.绿色通道及其规划原则[J].中国园林,20(5):14-18.
米歇尔·福柯,2001.词与物——人文科学考古学[M].上海:上海三联书店:1.
民国国都设计技术专员办事处,2006.首都计划[M].南京:南京出版社.
南京市博物馆,1983.南京风物志[M].南京:江苏人民出版社:3.
南京市地方志编纂委员会,1994.南京建置志[M].深圳:海天出版社:7.
南京市地方志编纂委员会,2010.南京市志[M].南京:方志出版社.
南京市规划局,2001.南京城市规划[Z].南京:南京市规划局.
南京市规划设计研究院,1998.南京明城墙风光带规划文本[Z].南京:南京市规划设计研究院.
南京市明城垣史博物馆,2003.城垣沧桑——南京城墙历史图录[M].北京:文物出版社:5.
南京市玄武区政协,1999.玄武名胜史话[M].南京:南京出版社:8.
普鲁金,1997.建筑与历史环境[M].韩林飞,译.北京:社会科学文献出版社.
曲志华,2007.南京明城墙保护性利用与景观再生[D]:[硕士学位论文].南京:东南大学.
权伟,2007.明初南京山水形式与城市建设互动关系研究[D]:[硕士学位论文].西安:陕西师范大学.
茹雷,2006.城与墙——城墙的功能与意味转化[D]:[硕士学位论文].西安:西安美术学院:6-11.
沈承宁,2007.论南京城墙之历史价值和世界文化遗产之申报[J].现代城市研究,22(6):47-55.
沈约,1974.宋书[M].北京:中华书局:10.
施然,2009.遗产廊道的旅游开发模式研究——以京杭大运河为例[D]:[硕士学位论文]. 厦门:厦门大学.

司马光,1956. 资治通鉴[M]. 北京:中华书局:6.

宋镰,1989. 奎坡集[M]// 张元济. 四部丛刊初编(246). 上海:上海书店:3.

苏克勤,2010. 南京清凉山——金陵城西人文风华[M]. 南京:南京大学出版社.

苏则民,2008. 南京城市规划史稿:古代篇·近代篇[M]. 北京:中国建筑工业出版社:11.

佟玉权,韩福文,2009. 工业遗产景观的基本内涵及整体性特征[J]. 城市问题(11):14-17.

佟玉权,韩福文,邓光玉,2010. 景观——文化遗产整体性保护的新视角[J]. 经济地理,30(11):1932-1936.

汪士铎,等,1991a. 同治《续纂江宁府志》[M]. 蒋启勋,赵佑宸,修 // 李光祚. 中国地方志集成:江苏府县志辑②. 南京:江苏古籍出版社.

汪士铎,等,1991b. 同治《上江两县志》[M]. 莫祥之,甘绍盘,修 // 李光祚. 中国地方志集成:江苏府县志辑④. 南京:江苏古籍出版社.

王焕镳,1983. 首都志[M]// 佚名. 中国方志丛书:华中地方第428号. 台北:成文出版社.

王焕镳,2006. 明孝陵志[M]. 南京:南京出版社:9.

王曼犀,1910. 金陵后湖志[M]. 铅印本.[出版地不详]:南洋印刷官厂.

王肖宇,2009. 基于层次分析法的京沈清文化遗产廊道构建研究[D]:[博士学位论文]. 西安:西安建筑科技大学.

王志芳,孙鹏,2001. 遗产廊道——美国历史文化遗产保护中一种较新的方法[J]. 中国园林,17(5):85-88.

魏征,令狐德棻,1973. 隋书[M]. 北京:中华书局:8.

夏仁虎,1932. 玄武湖志[M].刊本. 北京:[出版地不详].

夏仁虎,2006. 秦淮志[M]. 南京:南京出版社:9.

夏燮,1959. 明通鉴[M]. 北京:中华书局:4.

萧子显,1972. 南齐书[M]. 北京:中华书局:1.

信丽平,姚亦锋,2007. 南京城市西部遗产廊道规划[J]. 城市环境与城市生态,20(2):35-38.

徐明尧,2003. 南京石头城景区规划建设[J]. 现代城市研究(S2):85-88.

徐振,韩凌云,杜顺宝,2011. 南京明城墙周边开放空间形态研究(1930—2008年)[J]. 城市规划学刊(2):105-113.

许嵩,1986. 建康实录[M]. 张忱石,点校. 北京:中华书局:10-65.

薛垲,陈薇,2010.南京明城墙保护及其相关植物[J]. 建筑与文化(2):92-95.

杨国庆,2002a. 南京明代城墙[M]. 南京:南京出版社:246.

杨国庆,2002b. 民国年间南京明城墙拆、保之争始末[J]. 世纪(3):18-20.

杨国庆,王志高,2008. 南京城墙志[M]. 南京:凤凰出版社:1.

杨新华,2006. 南京明城墙[M]. 南京:南京大学出版社.

杨新华,曹敦沐,2000. 迈向"世界文化遗产"行列的南京明城墙[J]. 紫金岁月(Z2):79-87.

杨新华,卢海鸣,2001.南京明清建筑[M].南京:南京大学出版社:520,702.
姚鼎,2002.嘉庆《新修江宁府志》[M].吕燕昭,修//续修四库全书编委会.续修四库全书:第695册.上海:上海古籍出版社.
姚思廉,1972.陈书[M].北京:中华书局:3-5.
姚雅欣,李小青,2006."文化线路"的多维度内涵[J].文物世界(1):9-11.
姚亦锋,2007.基于自然地理格局的南京古都景观研究[J].建筑学报(2):20-23.
姚亦锋,2009a.南京城市水系变迁以及现代景观研究[J].城市规划,33(11):39-43.
姚亦锋,2009b.南京古都景观核心和生态文化研究[J].地理学报,64(6):677-686.
殷维翰,1979.南京山水地质[M].北京:地质出版社:10.
张辰,2006.南京明城墙修复整治之策略探讨[J].南方建筑(9):66-70.
张德坚,1954.贼情汇纂[M]//中国史学会.中国近代史资料丛刊:太平天国(Ⅲ).上海:神州国光社:138-139.
张杰,2004.从边缘到中心:南京明城墙滨河地区的整治改造[C].银川:中国建筑学会建筑师分会第三届四次理事会暨人居环境专业委员会学术年会.
张凯丽,2005.建筑遗产环境设计研究[D]:[博士学位论文].北京:北京林业大学.
张蕾,张斌,2003.南京城墙及其在太平天国战争中的军事防御作用[J].江海学刊(4):153-156.
张年安,2006.关于南京城墙科学测量结果的报告[R].南京:南京市文物局.
张宁宁,2010.明南京城池与北京城池的异同[J].改革与开放(7):41-42.
张廷玉,等,1974.明史[M].北京:中华书局:4.
张铉,1983.至正《金陵新志》[M]//佚名.景印文渊阁四库全书:第492册.台北:商务印书馆.
郑晓,1984.今言[M].李致忠,点校.北京:中华书局:5.
中国城市规划学会,2003.名城保护与城市更新[M].北京:中国建筑工业出版社.
周年兴,俞孔坚,黄震方,2006.关注遗产保护的新动向:文化景观[J].人文地理,21(5):61-65.
周应合,1984.景定《建康志》[M].马光祖,修//佚名.中国方志丛书:华中地方第416号.台北:成文出版社.
周子鑫,朱传耿,2009.我国区域空间整合研究进展与展望[J].地域研究与开发,28(5):1-5.
周作莉,2011.珠江三角洲城市群绿道适宜宽度研究[D]:[硕士学位论文].广州:广州大学.
朱明,2000.南京明城墙实地调查的新发现[J].江苏地方志(5):29-31.
朱强,2007.京杭大运河江南段工业遗产廊道构建[D]:[博士学位论文].北京:北京大学.
朱偰,1936a.金陵古迹名胜影集[M].上海:商务印书馆.
朱偰,1936b.金陵古迹图考[M].北京:商务印书馆:12-68.

·外文文献·

ANDRESEN T, AGUIAR F B D, CURADO M J, 2004. The Alto Douro Wine Region greenway[J]. Landscape and Urban Planning(3): 289-303.

Anon, 1998. A centennial celebration[J]. Parks & Recreation(7): 34-41.

CHARLES A F, ROBERT M S, 1993. Greenways[M]. Washington: Island Press: 167-189.

FORMAN R T T, GORDON M, 1986. Landscape ecology[M]. New York: John Wiley.

GARDINER J, 1998. The roads to revolution[J]. History Today, 48(4): 30-31.

KING C C, 1988. Conservation option for the black stone river valley[J]. Landscape and Urban Planning, 13: 81-89.

LINDSEY G, 1999. Use of urban greenways: insights from Indianapolis[J]. Landscape and Urban Planning, 45(2-3): 145-157.

MICHAEL H, 1989. City form and natural process: towards a new urban vernacular[M]. New York: Chapman and Hall, Inc.: 125.

MOORE R L, ROSS D T, 1998. Trails and recreational greenways[J]. Parks & Recreation, 33: 68-79.

Ohio & Erie Canal Association, 2018. The management plan of Ohio & Erie canal national heritage corridor[EB/OL].(2018-08-20)[2019-04-12]. http://www.ohioand eriecanalway.com.

SAM H H, 1992. Environmental interpretation: a practical guide for people with big ideas and small budgets[M]. Colorado: North American Press: 11-18.

SEARNS R M, 1995. The evolution of greenway as an adaptive urban landscape form[J]. Landscape and Urban Planning(33): 65-80.

SMITH D S, 1993. Ecology of greenways[M]. Minneapolis: The University of Minnesota Press: 142.

Wabash River Heritage Corridor Commission, 2018. Wabash river heritage corridor management plan[EB/OL].(2018-08-20)[2019-04-12]. http://www.in.gov/wrhcc.

图表来源

图 2-1 源自：笔者绘制.

图 3-1 源自：曲志华,2007.南京明城墙保护性利用与景观再生[D]:[硕士学位论文].南京:东南大学.

图 3-2 源自：笔者绘制.

图 3-3、图 3-4 源自：沈承宁,2007.论南京城墙之历史价值和世界文化遗产之申报[J].现代城市研究,22(6):47-55.

图 3-5 源自：笔者绘制.

图 3-6 源自：姚亦锋,2007.基于自然地理格局的南京古都景观研究[J].建筑学报(2):20-23.

图 3-7、图 3-8 源自：姚亦锋,2009a.南京城市水系变迁以及现代景观研究[J].城市规划,33(11):39-43.

图 3-9 源自：陈薇,杨俊,2009."围"与"穿"——南京明城墙保护与相关城市交通发展的探讨[J].建筑学报(9):64-68.

图 4-1、图 4-2 源自：笔者绘制.

图 4-3 源自：姚亦锋,2009a.南京城市水系变迁以及现代景观研究[J].城市规划,33(11):39-43.

图 4-4 源自：权伟,2007.明初南京山水形式与城市建设互动关系研究[D]:[硕士学位论文].西安:陕西师范大学.

图 4-5 源自：笔者绘制.

图 4-6 至图 4-11 源自：笔者拍摄.

图 5-1 来源：王肖宇,2009.基于层次分析法的京沈清文化遗产廊道构建研究[D]:[博士学位论文].西安:西安建筑科技大学.

图 5-2 至图 5-5 源自：笔者绘制.

图 6-1、图 6-2 源自：笔者拍摄.

图 7-1、图 7-2 源自：笔者绘制.

图 7-3 源自：徐振,韩凌云,杜顺宝,2011.南京明城墙周边开放空间形态研究(1930—2008年)[J].城市规划学刊(2):105-113.

图 7-4 源自：曲志华,2007.南京明城墙保护性利用与景观再生[D]:[硕士学位论文].南京:东南大学.

图 7-5 源自：笔者绘制.

图 7-6 源自：施然,2009.遗产廊道的旅游开发模式研究——以京杭大运河为例[D]:[硕士学位论文].厦门:厦门大学.

表 3-1 至表 3-7 源自：笔者绘制.

表 4-1 至表 4-9 源自：笔者绘制.

表 5-1 至表 5-17 源自：笔者绘制.

表 6-1 至表 6-6 源自：笔者绘制.
表 7-1 源自：笔者绘制.
表 7-2 源自：笔者根据姚亦锋，2007，基于自然地理格局的南京古都景观研究［J］. 建筑学报（2）：20-23绘制.
表 7-3、表 7-4 源自：笔者绘制.

后记

在该书即将付梓之际，回首与明城墙相伴随行的这段旅途，我百感交集。一路上有太多良师益友伴我同行。首先要感谢的是我的博士生导师王浩教授和博士后导师唐晓岚教授。非常荣幸在我的学术生涯中先后遇到两位睿智大度、治学严谨、学识渊博的导师，他们对我的课题研究提出了许多宝贵的建议，并在研究思路和技术路线上给予我悉心的指导和耐心的帮助，引领我在学术的道路上大胆探索，求真求实。无论是学习上还是生活上，他们宽厚纯良的处事风格、积极乐观的生活态度、勇于实现自我和不断超越的人生追求都给予我极大的启迪并使我终身受益。在此，我向两位导师致以最真诚的谢意！

感谢南京林业大学风景园林学院的各界领导及同行师友对我工作学习的关心与支持，感谢华中农业大学的周志翔教授、高翅教授、王鹏程教授、徐永荣教授等在我本科和硕士学习阶段给予的教导和帮助，还有太多我的师友，感谢有你们一路相伴，给予我鼓励和支持！

最后，谨向一直默默支持我的家人表示深深的谢意和歉意！仅以此拙作敬献给我的父母，你们对女儿的辛勤培育和无私奉献，是我人生的信仰，无以回报！

无法在这短短的文字中向所有帮助过我的人表达致谢，感恩所有！

王燕燕
2019 年 3 月

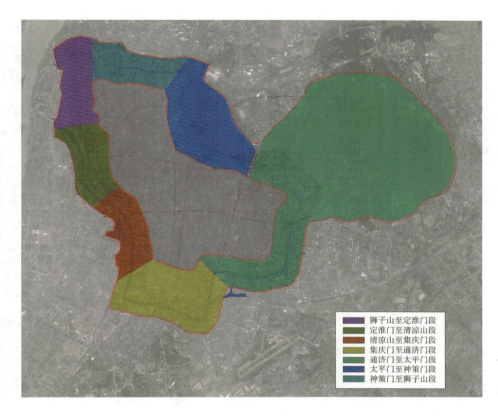

图 4-1 明城墙遗产廊道资源普查范围及分段分布图

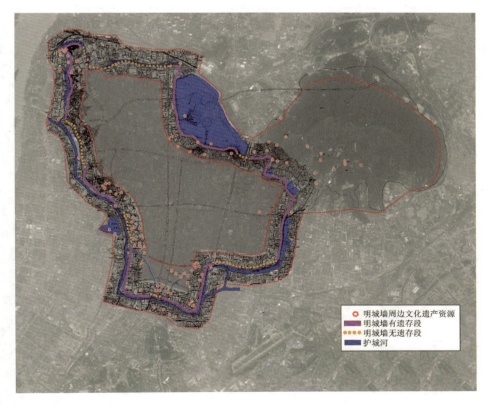

图 5-2 明城墙遗产廊道遗产资源分布图

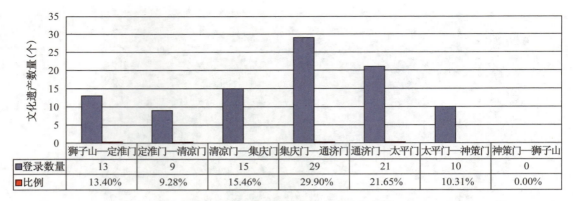

图 5-3　遗产廊道遗产资源分布区段分析

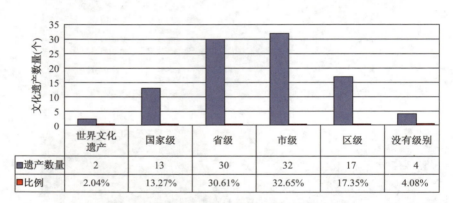

图 5-4　遗产廊道遗产资源保护级别构成分析

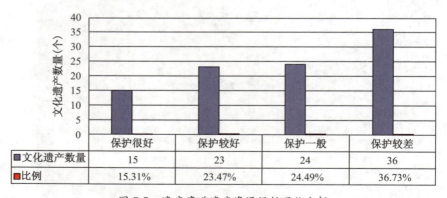

图 5-5　遗产廊道遗产资源保护现状分析

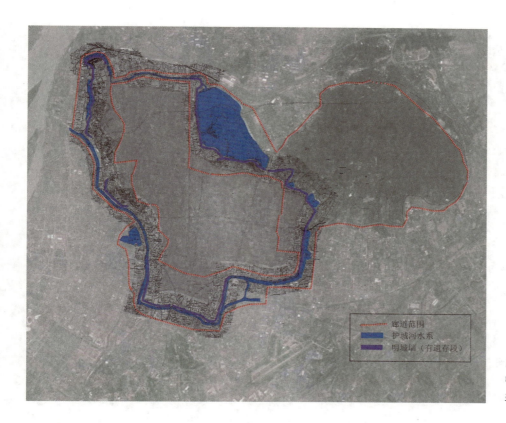

图 7-1 南京明城墙遗产廊道边界示意图

图 7-2 明城墙绿色廊道构建示意图

图 7-5 明城墙解说系统示意图